自信過剰な私たち

自分を知るための哲学

中村隆文
Takafumi Nakamura

ナカニシヤ出版

まえがき

いまだかつて人生において失敗したり挫折しなかった人などはいないだろう。鼻っ柱をへし折られたり、うまくやれない自分に失望してふさぎ込むことは誰にでもあるハナシである。天才バッターだって打てなくなるときはあるし、体力の限界を感じたアスリート、新世代の技術についてゆけなくなってしまった優れた技術者など、誰もがどこかで悩み苦しむ。それが凡人であるならばなおさらであろう。やろうとしたこと、やりたかったことのほとんどがうまくいかないことなどザラである。こうしたとき、ほとんどの人は自信喪失に陥ってしまうが、そこですがすがしく「しようかないな。スッキリしたよ」と思えるだろうか。それまで己の人生をそこに必死に捧げてきてようやく現役引退する踏ん切りがついた人ならばともかく、いまだ現役中の人、あるいは現役人生を続けなければならない人はそのようにスッキリできるはずもない。自分を見失ってしまい動けなくなる人もいれば、逆に「この状況はおかしい！　許せない！」と奮起し、他者へ（そして自分自身へと）自分の価値を認めさせようと躍起になる人もいるだろう。

さて、ここで少し考えてほしい。「自信喪失」とは、すでにもっていた自信を失ってしまったという事態であるが、そもそもそこでもっていた「自信」とはしかるべきものであったのだろうか？　少し意地悪な言い方をすれば、本当にあなたはあなた自身が考えているほど何かを実現できる能力をもっていたり、他人から評価されてしかるべき人間だったのであろうか。もし、失ってしまった過去の「自信」が、実際よりも高望み的な期待を反映したものだったり、知らず知らずのうちに自信過剰となっていたとするならば、それこそがあなたを苛み、苦悩させ、「こんなこともできないなんて自分はダメだ！」といった罪悪感を植え付けたり、あるいは自分を評価しない周囲への不満を生み出したりしているのではないだろうか。また、今のあなたは一〇〇回のトライ程度でそれがうまくいくほどの能力や素養がなく、一〇〇〇回トライしなければならないのに、「自分は一〇〇回トライすればうまくいくはず」と過信した結果、うまくゆくはずのない一〇〇回のトライで挫折して落ち込んでいるとしたら、あなたは身の丈とズレ気味な楽観的自信過剰ゆえに必要な努力やトライをさぼっているともいえる。自信喪失は誰もが経験するとはいえ、もし乗り越えられるならやはりそれはなんらかの形で乗り越えた方がよいし、苦しんでその後の人生を台無しにしてはならない。とりわけ、その苦しみや悔しさが、そもそもが過剰気味であった自信が課す「呪い」であったとするならば、いち早くそのことに気付き、意識と行動を変えた方がよいだろう。「自信過剰」を理解することの意義はまさにこの点にある。

実のところ、基本的には多くの人がどこかで自分に楽観主義的な自信をもっている。集団における自身のポジションがよく分からない不確実な状況にあるとき、何かにトライする前であれば、「まあ、自分の成績はこんなものだろう」と楽観視しつつ、実際の平均よりもやや高めに見積もる傾向は頻繁に確認できる（Gilovich［1991］, ch.5）。いろんなトライ後に挫折を経験した後でさえ、「いやー、自分なんてダメですよ……」と謙遜気味な人であっても、「或る事柄に関しては自分は平均以上である」と考えることはそこまで不思議ではないし、むしろ、それは自身のプライドや尊厳を守るためにはほとんどの人が普通にやっている思考法でもある。運動が苦手な人であっても「自分は勉強なら普通以上なんだがな……」と思うこともあるだろう。運動も勉強も苦手な人であっても、「自分は趣味人であって、他の人たちよりも人生楽しんでいる」と信じている人もいるだろう。運動、勉強、趣味のすべてに自信がなくとも、「自分はありのままの自分を（他の人たちは無頓着であるが）きちんと知っている」とか、「自分にはなにもないが、しかしそれを率直に認める正直さをもっている」といった謙遜的自己評価の姿勢に自信をもつこともできる。現在の境遇において自身のすべてに不満をもっている人であっても、「同じ状況、同じ条件が与えられていれば、本当は自分は平均以上の人物になれているはず」と信じている人はわりと多いように思われる（もちろん筆者もそのうちの一人であるが）。

　こうした自信をもつのはあながち悪いことではない。なぜなら、どこかでそれにすがれるようなものがないと、世の中というのはかなり生きにくいからだ。それに、それが真の実力以上の「過信」であっても、その人がそう信じることで実際にそのように振る舞い、良い結果を生み出すこともある。ポジティヴな信念は行動を変化させることもできるのだ。「自分はやればできるはず」と思わなければ新たなことにトライすることもない。こうした信念は、個人だけでなく社会を変え、良い方向へと進めるきっかけとなることもある。たとえば、起業などはまさにその一例である。誰かが「自分は普通程度（以上には）商売の才能があるから、きっとやっていける」とか「もしうまくやれなくても、そのときは気持ちを切り替えればなんとかなるさ」といった自信や楽観視がなければ、この世の中商売をやろうという人などいないであろう。もし世の中が自信のない人たちばかりであれば、誰もがリスクから逃げ、その結果起業する人もいなくなるわけで、そうすれば雇用も生まれず、経済は衰退していくであろう。このように、自信過剰な人たちでも、いや自信過剰であるからこそ新たなことにトライしてゆけたり、世の中を支えているようにも思われる。

　しかし、自信過剰には良いものもあれば、そうでないもの、危険なものもある。「きっと商売をうまくやれるはずさ」といって、本当はそれが無理な状況であるのに多額の借金を背負って新たな商売をはじめたとしても、お金を貸してくれた人にそれを返せなくなったり、近しい家族に迷惑をかけることにもなりかねない。「自分は器用だから！」といって、きちんと訓練を受けたりせず、マメにノートをつけることもサボり、複数人での作業確認をすることなく、安全性に関わる仕事（工事現場の作業員や看護師など）をその場しのぎでこなそうとすれば、そんな過信的態度は大事故を引き起こしてしまう。そして、やっかいなことにこの手の自信過剰な人はたとえ失敗したとしても、「そもそも、私はミスする人間ではない。ミスしたのは、きちんと事前に私に伝えておかなかったみんなが悪い……」とか「この仕事は（私のような）有能な人でもミスが出るくらい厳しいものだから、環境改善をするべきだった。それをしていなかった会社が悪い！」という言い訳をする傾向にある。このような悪しき自信過剰のもとでは、新たなことにトライしながら自分を成長させようとはせずに、言い訳ばかりして、他者を責めて自分を守ろうとばかりする。これでは本人だけでなく周囲も被害を被ってしまうし、実現できたはずの幸福がその手からこぼれ、その人自身もいっさい成長することのない不幸な人生を過ごすはめとなってしまう。

そこで、自信過剰のうち、何が良くて何がマズイかを知ることが大事になってくる。学問や分析、学習や反省などはこの点において重要といえる。ただし、そのためにはまず自分が何者であるかを知らないとダメである。哲学において「汝自身を知れ」というのはそういうことであり、そもそも自分のどこがどうなっているのかを知らなければ、自分をより良き方向へ改善することなどはできない。だが、自分を振り返るというのはそんな簡単なことではない。人は自分の背中が見えないように、自分が何者であるかもなかなか見えていないわけで、自分が分かっているようにしか自分のことを分かっていない。さらにいえば、人は自分が本当にしたいことすら分かっていないこともある。だからこそ、人文科学や社会科学などの学問が必要になってくる。とりあえず「人間」全般を観察し、人間がどんな判断・行動をしがちであるのかを確認してみよう。そのなかで、「もしかしたら自分も……」と振り返ることで、そこから自分自身のウィークポイントや改善の余地を見つけ出せるかもしれない。その方が、自分だけで反省したつもりになるよりも良いこともあるだろう。この点で、哲学、心理学、社会学、経済学、政治学などの知見は役に立つと私は考える。自分が、あるいは、自分たちがやっているつもりのことが実はそうではないとき、そこにはどんな私たちの傾向性があり、どんな障害があるのか、本書を通じていろいろ考えてみよう。

目次

＊文中の分数表記において、後述の四則計算が前述の分母に組み込まれる場合には、／（　）という形で囲うものとする。

01 なぜ哲学が必要か？

人間は理性をもつ動物である

「人間を知る」とはどういうことか？　まず、ここから考えてみよう。哲学史における一般的な人間理解として、人間には人間独特の「理性」があると考えられている。古典的なギリシア哲学は、それまでの神話的な世界理解から脱却し、ロゴスのもと科学的に世界を理解しようとするものであった。そしてその後、倫理学――人間の「人として」の判断・行為などに関する法則性を明らかにしようとする学問――の発展に伴い、「理性」というものは常に注目をあびてきた。ギリシアの大哲学者プラトンなどは、感覚的理解ではなく、理性によって真なる知へと到達できると考えた。たとえば、目に見える三角形、触れることができる三角形にはさまざまな種類があり、私たちはそれをいろいろ知覚しているのかもしれないが、それだけで「三角形とはなんであるか？」の問いの答えを知っているとはいえない（そもそもそれは厳密には三角形でないかもしれない）。三角形とはなんであるかという問いに対し、私が自分の見ている三角形を指しつつ「これが三角形だよ！」というだけでは不十分なのである。私と同じ感覚や経験を共有していない他者に対して三角形のことを説明するには、たとえば、「同一直線上にない三点と、それら二つずつを結んでできる三つの線分からなる多角形であり、その内角の和は一八〇度となるもの」という方がよいだろう（この説明の例証として図を示すのは構わないが）。つまり、「知識」とは感覚経験だけでなく知性的理解を必要としているのである。プラトンがいうところの真なる知識である**イデア**というものは、個人的体験や偏見によって知られている現実世界の個々のもの（いわゆるコピー）を超越した「ホンモノ」であり、そこに到達するということはそれを知的に（論理をもって）理解することなのである（『パイドン』での議論など）。そして同様に、「正義」とか「幸福」というものも、個々人の感覚でなくそうしたものを超越した理性によって理解しなければならないので、そうした理性に目覚めるべきであるとプラトンは説いている（『国家』第六巻の善のイデア、第七巻での洞窟の比喩など[*1]）。

その弟子アリストテレスは、プラトンよりも現実主義的であり、人間存在をその本性上「ポリス的動物」と位置付ける。これは単なる社会的動物とは異なるもので、たとえば、アリや蜜蜂、鳥なども社会的動物には違いないが、しかし、ロゴス（論理、言語）を用いてその集団の在り方・運営方針について議論できるわけではないし、法制度を整備し、後世に残すことはできない。進化論的に環境適合的な行動パターンを有していた群れのみが生き残る形でそのパターンが拡大することは人間であろうが他の動植物であろうがありえるにしても、そうしたパターンの普及が理性的意図のもとで行なわれるのは人間においてのみである。つまり、人間は理性的意図のもと何が有利・有益かをその都度判断し、そしてそのパターンを法制度化して後世に伝えることなどができる。それゆえに、意図的により良き方向へとその集団を変化させることができるという点では非常に有利であり、ギリシアのポリス的統治というものはそうした人間理性に基づくべきと考えられていた。ロゴスに基づいてこそ、良き統治・良き法のもとでの理想的社会が実現できる、といってもよい。これは近代・現代へと時代が移っても、基本的に変わることはない。何かを変えてより良い状態を実現しようというのであれば、感情まかせ・直観まかせにではなく、思慮深く考えてそうすべきというスタンスは、「合理主義（rationalism）」として生き残っている。そして、個人や集団の行動を変化させる場合は思慮深く考え、どうするべきかをきちんと判断しなければならない。

理性と感情の対立

ただし、人間とは理性だけでなく感情ももっていること、そしてその生き方・幸福追求においては、理性が命じることは後回しにしてでも、感情面を優先させてしまうことがあることは押さえておかねばならない。そうした人間本性について言及した哲学者はたくさんいるが、なかでも合理主義者たちが眉をひそめる形でそれを述べたのが、一八世紀のスコットランドの哲学者デイヴィッド・ヒュームであった。ヒューム曰く「理性は情念の奴隷であり、奴隷でありさえすればよい」ということであるが（『人間本性論』第三巻第二部第三節）、そうすると、欲望や愛情、憎しみといった諸感情はそれ自体根源的なものであり、それこそが目的を設定し、人を行為へと動機付けるということになる。すると、理性がもたらす推論や判断はそうした感情が設定するところの目的を実現するために有益でさえあればよい、ということになる。もちろん、「金持ちになりたい」と願っている主人（情念）に対し、貧乏のどん底に突き落とすような間違った案内をする奴隷もいるかもしれないが、しかし、それは奴隷が悪いだけのハナシであって主人が悪いわけではない。そんなダメダメ奴隷を「理性」と呼ぶこともない。とするならば、主人の望みをかなえるべくうまく案内する「理性」さえいれば、別にどんな欲望をもっていようとも大丈夫、ということになるだろう。

しかし、そもそもが無理・無茶なことを情念が望むとき、メタ的な理性によってそれはうまくコントロールされなければならない。たとえば「世界征服をしたい」「世界中の女性を俺のものにしたい」といった欲望は、通常人の理性（示唆的な推論能力）をいくら働かせてもそうそう実現するものではないので、欲望がいくぶんかは理性的に妥協・譲歩しなければならない。メタ的な理性が「無理だからやめとけ」と忠告しているのに、わがままな情念が「うるさーい！ やれ！ やるんだよ！」といって無理矢理実行しようとすればとんでもないことになり、それこそ破滅的人生を送ることになる。つまり、主人たる情念（欲望）は、召使たる理性の能力を踏まえたバランスある命令を下さなければならないので、そのためには、主人も少しは召使たる理性の声に耳を傾ける必要がある。この意味で、理性とは道具的性質だけでなく規範的性質をもっているとされる。さらにいえば、理性が「これをやらないといけませんよ。あなたの望みをかなえるためには一番効果的な方法です」とアドバイスしているのに、「うるさーい！ そんなやり方じゃなくて、もっと楽なやり方で望みをかなえたいんだ！」と欲望がその手法にケチをつけてもうまくはいかない。理性は情念の奴隷・召使かもしれないが、情念だって理性のアドバイスを受け入れるようなまっとうな主人でなければならない。この調和状態こそが、アリストテレスが『ニコマコス倫理学』第二巻・第三巻でいうところの**「中庸(Mesotes)」**というものである。たとえば、美味しいものを食べたいが、食べ過ぎがその人の健康によくない場合、健康を壊さない程度に美味しいものを楽しむことこそ「幸福」を実現するところのちょうどよい中間といえる（それゆえ、「中庸」とは英語では golden mean と表現されることもある）。

こうした人は節制を知っている人、すなわち「知恵ある人」「思慮ある人」といえるであろう。

カギとなる「実践理性」

思慮ある人は、こうした中庸の徳を理解でき実践できる理性的な人物である。戦士の場合、いくら敵を恐れない気概をそなえているにしても、それが蛮勇のように向こう見ずで突っ込んでいくだけなら負けてしまうし、勝つべきときに勝つことができない。かといって、怖れによって突っ込むべきときに突っ込めないのであればそれもまた勝つべきときに勝てない。ゆえに、大胆さと恐怖心をもちながらもどちらに偏ることもなく、しかるべきときにしかるべきことができるようになること、これこそが勇気という徳をもつ人といえる。そしてやはり、こうした徳性を身につけるには、自分の限界を知り、そして状況というものをきちんと把握し、その状況においてしかるべきことを理解し実行するような**実践理性**（practical reason）が必要になる。

そうした実践理性に目覚めるには知性的な資質だけでなく、それを実行する習慣なども必要になる。ただし子ども時代であれば学校で学んだり訓練を受ければよいが、大人になればなるほど自力でなんとかしなさいと要求される。とはいえ、本人がそう望んでいてもなかなか自分で変わることができないケースもあるのではないだろうか。やらなければならないことは分かっているができない人は大人でも多い。締め切りを守らなければならないことは分かっているが破ってしまう人、やるべき習慣を身につけなければならないことは重々承知であるが、習慣づく前に三日坊主でやめてしまう人など、自力で実践理性に目覚めることができない人は周囲にはたくさんいるのではないだろうか？　しかし、そのようにうまくできないのはなぜだろうか？

その原因は大きく二つあるだろう。一つは自己認識が欠落しており、自分の意志がどのように弱いのかをきちんと把握していないためにその対策をおろそかにしているということ。もう一つは、「自分はやればできる」と自信過剰な態度のもと、いつまでも自分を変えることをしないまま言い訳をしているということであろう（そうした人は、現実の自分から目を背け続けているため、結果としては一つ目の原因である自己認識の欠落に陥っているともいえる）。そこでここからは、いかなる状況において、私たち人間が実践理性に頼ることができず、不合理なことをしているのかについて、心理学や経済学の観点から見てゆこう。

＊1　もちろん、人間である以上は誰もが理性はそなえているが、限定的な個人的知識を乗り越える必要があるので、ただ思索にふければよいというわけではない。プラトンは常に（ソクラテスがそうしていたことを踏まえ）対話や問答を通じてそのイデアへと到達しようとしていたといえる（美については『饗宴』などを参照されたい）。

02

なぜお金を貯めきれないのか？

理性的なお金の使い方

あなたはお金を無駄遣いしたり、少しの辛抱ができずに計画が頓挫することはないだろうか？　私は結構そんなことがある。「奢侈《しゃし》」「堕落」「怠惰」「怠慢」、etc.……いずれも「まとも」から逸脱したあり方であり、悪徳的である。理性的に考えれば無駄遣いはすべきではないし、お金は計画的に使うべきである。また、一時の欲望に流されて人生を台無しにするべきではない。「今」「現在」を我慢することで長期的により良い状態を実現する方が合理的で賢い生き方といえる。それなのに、なぜ人は現在の欲望に流されてしまうのか。お金を貯めようと誓いを立て、そして節約が可能である場合にもつい無駄遣いをしてしまうとき、そこにはどのような原因があるのだろうか。この仕組みについて考えてみよう。

或る人が二〇〇〇円のためにXを諦めるならば、その人は二〇〇〇円と引き換えにXを手放しているともいえる（いわゆるトレードオフ）。これは別にXが物財である必要はなく、「掃除をサボる」「家で二度寝をする」「欲しいものを一か月待つことなく今すぐ手に入れる」などでもよい。要は、自身にとっての快や満足を諦める代わりに、二〇〇〇円を手に入れたり、二〇〇〇円の出費を抑えようとするのであれば、その人は「Xよりもその金額（二〇〇〇円）を選好している」ということである。そしてこの選好のもとでは、「Xを諦めてでも二〇〇〇円を大事にすべき」と判断しているわけなので、それが実行可能な状況において二〇〇〇円よりもXを優先するとき、その人は実践理性に反していることになる。

もっとも、「二〇〇〇円の方がXよりも大事だと分かっているが、俺はXを大事にするのだ！」とハッキリ意識しつつそのようなことをやっている人はあまりいない。通常、私たちがやりがちであるのは、「二〇〇〇円の方がXよりも大事である」と意識しつつ、或る状況においてはそのとおりに行動するが、別の状況においてはそのように行動しない、という非整合的な振る舞いである。二〇〇〇円を節約するチャンスがあればコツコツそれらを貯金しつつ目標を——たとえば海外旅行や老後のための十分な蓄えなどを——実現しようと誓った人が、そのような非一貫的な振る舞いを繰り返せば、なかなかその目標を達成することができない。そして、そうした振る舞いによって目的が実現できないとき、それは実践理性に反した不合理な振る舞いということになる。

ただし、すべての非一貫的な振る舞いが不合理であるわけではない。ときどき二〇〇〇円を貯めるのをサボってXに流されたとしても、ぎりぎりのラインで貯蓄をコツコツ続け、最低限の目標期間内にそれを達成すれば、それは「うまくやれた」といえる。実際私たちの多くはそうしており、いついかなるときでもきちんと振る舞ってはいないものの、許容可能な範囲で目標を達成できるような振る舞いをしているといえる（締め切りをサボりがちな作家であっても、これ以上はサボれないところでは締め切りを守るようなものである）。

お金の使い方が非整合的になるケース

とはいえ、それすらできない人たちもいる。もしあなたが「二〇〇〇円の方がXよりも大事である」と意識しつつ、或る状況（状況A）においてはそのとおりに行動するが、別の状況（状況B）においてはそのように行動しないというその非整合的な振る舞いの理由（原因）に気付いていなければ注意が必要である。それを放置したままにしておけば、状況Bが連続した場合には二〇〇〇円を大事にすることを忘れて無駄遣いをしてしまい、長期的に目標に到達できなかったことを後になって悔やむということにもなりかねない。実際、私たちはそうした状況Aと状況Bにおける態度の食い違いには普段から無頓着である。それを理解するために、以下の例を見てもらいたい。

【ケース1】

長年使っていた財布をもってはいるが、自分へのご褒美としてお気に入りブランドの財布をネットで購入して明日受け取ろうとすると価格は一万円だった。一か月後にネット購入すれば、そのときにはセール期間になっているので価格は八〇〇〇円になると表示されていた（受け取りは一か月と一日後）。購入するのを一か月待ちますか？

【ケース2】

長年使っていたノートパソコンをもっているが、自分へのご褒美としてお気に入りのノートパソコンをネットで購入して明日受け取ろうとすると価格は一〇万円だった。一か月後にネット購入すれば、そのときにはセール期間になっているので価格は九万八〇〇〇円になると表示されていた（受け取りは一か月と一日後）。購入するのを一か月待ちますか？

ケース1とケース2は、いずれも「一か月待つこと」と「二〇〇〇円の出費を抑えること」のトレードオフの関係が示されている。おそらくではあるが、ケース1では「一か月待とうかな……」と思う人でも、ケース2では「めんどくさ。別に待たなくてもいいや」と感じてしまうことが多いのではないだろうか。だが、ケース1では二〇〇〇円のために一か月待てるはずなのに（「今手に入れること」を諦められるのに）、ケース2ではそんな気が起きにくいのはなぜだろうか？　おそらく、一番ありそうな意見は、「パソコン価格の値引率はたいしたものではないが（二％引き）、財布価格の値引率は大きい（二〇％引き）」というものであろう。ケース1で財布購入を一か月我慢するとお得感が大きいが、ケース2ではそうではない、ということである。しかし、お得感が大きくとも、少し我慢すれば二〇〇〇円を節約できるという点を考慮すれば、節約をしたがる人（しなければならない人）の観点からは、やはり両者においてはともに一か月我慢すべきであるようにもみえる。

別の意見としてはこういうものもあるだろう。財布は贅沢品という意味では「消費」であって今すぐ買う必要はないが、パソコンはそれを使って作業するという点で――新製品ゆえに処理速度が速かったり容量も大きいのであれば――「投資」であるので今すぐ買うことで得られる利益というものが期待できる（たとえ二〇〇〇円節約できなくとも）、と。それはちょうど、金融市場の投資家のように「今」を優先すること自体は不合理でもなんでもないようなものである。たとえば、金融市場的には現在の一〇〇万円は将来の一〇〇万円よりも価値が高いとしよう。投資をしたり銀行に預金することで、現在の一〇〇万円が一年後に一〇三万円になるとすれば、一年後に一〇〇万円受け取るよりも、現在一〇〇万円受け取りそれを活用した方がよいに決まっている。たとえば、今一〇〇万円を受け取って投資（もしくは預金）をするとして、一年後につく利子の割合rを三％（0.03）とした場合、今の一〇〇万円の価値は一年後には100万円$\times(1+0.03)=103$万円、となる。これを変形し、時間単位をn年（n期）とした式で表わすと、「割引現在価値$=n$年後の時点における貨幣価値$/(1+r)^n$」となる（これは指数割引と呼ばれる）。簡単にいうと、現在時点における財や選択などの価値は、将来においてそれを元に得るはずの価値からいくぶんかは割り引かれている、ということである。だから、もし利子率や利益還元率（割引率）が一定のインフレ率よりもかなり大きいという確信があれば、少ない金額でも急いで受け取って、すぐさまそれを投資した方がよい。もしパソコンを早く手に入れられることで、その購入を待つ間にできるであろうさまざまなこと（スピーディなレポート作成、快適なネットサーフィンやネットでの買い物など）の利点が大きいのであれば、そこには大きな利子がつくようなものであるので、割引現在価値の観点からは、今急いでそれを購入することに意味はある、といえるだろう。

では、今度はパソコン購入を純粋な「投資」ではなく消費的な「支出」として考えてみよう。前述の式にあてはめる形でパソコンを支出面から見れば、$-100{,}000=-98{,}000/(1+r^*)$、となるので、$r^*=-0.02$ということになる（このときの$r^*$は値引率）。利子率や利益還元率が大きいほど（たとえば年間五〇％の金利が付くのであれば）現在それに投資した方がよいのはいうまでもないだろう。しかし、「支出」であればハナシは異なる。値引率r^*が大きければ大きいほど（たとえば来月になれば五

○%引きとなるのであれば）今それを手に入れるのを我慢する方がお得である。なんといっても、財布のときの値引率は二〇%であるのに対し、パソコンのときの値引率は二%にすぎないので、財布のときは一か月先まで待つことでお得感がある一方、パソコンのときはそれほどでもない。[*1]とすると、投資面においてパソコンをいち早く手に入れようとすることも、そして支出面においてパソコンは一か月待たないが、財布購入を一か月待つことは、そこまで不合理ではないともいえるかもしれない。

機会費用と「心の家計簿」で支出を判断する

しかし、何かを購入するとき「値引率」に流されてしまうと危険であるし、実際私たちはそうした危険なワナに陥りがちである。財布のときほどの値引率（二〇%）までいかないような、パソコン値引率一五%のケースを考えてみよう。このとき、－100,000円×(1－0.15)＝一か月先のパソコンへの支払い価格、となるので、一か月待てば八万五〇〇〇円でそのパソコンが購入できるということになる。なんと一万五〇〇〇円もの節約である。それにもかかわらず、値引率のみに意識が囚われていると、財布のときは一か月我慢して二〇〇〇円を節約するくせに、パソコンのときは一か月我慢できずに一万五〇〇〇円を節約し損ねることになってしまう。いずれにせよ値引率に心が動かされるあまり、節約できる金額の絶対値を無視しがちになることはあまり合理的とはいえない。なぜならいろいろそうした大きな買い物を繰り返すたびに長期的に損をしてしまう可能性があるからである。

これは**機会費用**（opportunity cost）、そしてその積み重ねによる利得低減の問題ともいえる。機会費用とは、或る時点もしくは期間において、或る選択Aに対し、それをしなかった場合の代替的選択分の利益を、そのAのためのコストとみなす考え方である。数量的観点から説明するならば、「機会費用が大きくなる」という場合、最大利益を生む最善の実行可能な選択肢と、それ以外の代替的選択肢を実際にとった場合との利益差が大きくなることを意味する。最善の選択をせずに次善の選択をしたときであれば、本来獲得できた分の利益差を捨てていることになるので、その利益差は「その（次善）の選択肢を得るために余分に費やした費用（コスト）」と表現できる。当然、あまり効率的でない選択をすればするほど、そのくだらない選択のために膨大なコストを費やしていることになるので、不合理な選択ということになる。お金に困っていたり貯蓄したいのでほんの僅かの金額でも出費を抑えようとしている人がいるとして、そんな人がケース1とケース2のいずれにおいても一か月待ちきれずにその財をすぐに手に入れることを選んでしまった場合（しかもその必要があまりない場合）、そうした現在優先的な選択は二〇〇〇円の無駄なコストがかかった、ともいえるだろう。もしお金に困っているくせにこうした機会費用を省みずに、パソコンのような大きな買い物を割引価格で買えるにもかかわらず待ちきれずに飛びついてしまう人たちは、ガマンする辛さを味わうことはないがコツコツ節約できるお金（二〇〇〇円）をたびたび諦めるようなものであり、長期的にそれは「無駄遣い」となって家計を圧迫することになるだろう。もし、あなたがお金を計画的に貯める必要があり、昼食や飲み会、そこら辺のお買物で一〇〇〇円・二〇〇〇円を大事にするのであれば、パソコンやスマホ、車や家などの大きな買い物をしたり、海外でホテルに泊まるときも同様に一〇〇〇円・二〇〇〇円を大事にした方がよい。もしあなたが、ほんの少しその欲望実現を先送りして節約できることに不都合がなければ、やはりそうした方がよい。「今を生きる」といえば恰好はよいが、そのやり方が身の丈に合わなければいずれ後悔するときがくるし、長期的なライフプランは失敗してしまう。もちろん、欲しいものを購入する背景としての財政事情に「幅」がある際には、今を優先するケースがときどきあっても構わない。ただし、その「幅」は無限に広いものではないので、常にその境界を念頭に置いておき、自身が道幅の真ん中を歩いているか、あるいは崖っぷちに立っているかは随時確認する必要があるだろう。簡単にいえば、支出を伴う消費行動をする場合、割引現在価値や値引率に流されてしまい機会費用を無視し続けていれば、自身の財政事情に合わない行動をとってしまうはめになる、ということである。

とはいえ、消費行動の際、費目やシチュエーションの違いに応じて支出金額や値引額の絶対値を無視しがちになることはよくあることだ。普段の昼食では一〇〇円のお味噌汁をセットでつけるのすらためらうのに、海外旅行にいくと五〇〇円もするありきたりのスープを平気で注文したりなど、豪勢な生活を一〇日くらい過ごす（別に食事時にセレブ気分を味わおうとしているわけではないのに！）。そして、海外から戻ってきてカード会社から請求が来ると青ざめる、というわけだ（私だけだろうか）。これは**メンタルアカウンティング**（mental accounting）、いわば「心の家計簿」にも関わっている。たしかに、お金を使った分だけ贅沢はできるので快楽は得られるだろう。しかし、借金をしていて本当はそれどころでなく「あまりお金を使いすぎてはいけない……」と普段から自分を戒めている人は、目先の快楽よりも、長期的目標の実現を選好しているはずである。だが、そのような人であっても、状況や費目次第でその戒めは意識からスポーンと抜け落ちてしまう。或る費目については二〇〇〇円を節約するくせに、別の費目については二〇〇〇円どころか四〇〇〇円、八〇〇〇円にもこだわらなくなるのも、そうした心の構造である。このように、異なる費目ごとに上限設定が異なる心の家計簿は誰でももっているものだが、その家計簿が自身の財政事情にそぐわないものであれば、できるだけ早くそれを破棄し、自身に合った家計簿を使用する方がよいだろう。庶民がビル・ゲイツさんのところの家計簿を使ってもうまくゆくはずがない。いずれにせよ、無駄遣いをしてしまう人が気を付けるべきは、①現在に流されやすい傾向性をもっていること、そして、②流されがちな自分が財政的に本当に余裕があるのかどうか、さらに、③適切な心の家計簿を使用しているかどうかを随時反省すること、などが必要となる。自分自身を知ることはもちろん、「自分を忘れてはならない」のである。

＊1　逆にいえば、もし一万円の財布の一か月先の値引率が二％であれば待つ意味を感じることなどはほとんどないが、他方、一〇万円のパソコンの一か月先の値引率が一〇％であればほとんどの人が待った方がお得だと考えるだろう。投資も（逆の意味で）同様であり、「一か月先の一万円」の時間割引率が小さければ（金利が少ないようなものなので）現在それに投資する意味などはほとんどないように感じるし、「一か月先の一〇万円」の時間割引率が少しでも大きければ現在それに投資する意味があると感じるだろう。このように、低額な財であれば高い時間割引率（あるいは値引率）、高額な財になればなるほどそれよりも低めの時間割引率（あるいは値引率）に応じた価値割引（値引）が行なわれる傾向は**マグニチュード効果**と呼ばれる。

03

現在という泥沼
――なぜ辛抱できずに言い訳ばかりするのか？

人間は「今」を優先しがち

前章では、コツコツ貯金しようとする人がなぜ失敗しがちであるのかを述べた。しかし、人は見たくない自分から目をそらしたり、目的遂行ルートから逸脱気味な自分を正当化することには実に長けている。そしてそれは、貯金やダイエットに失敗したり、受験勉強で手を抜いたりなど、日常的な「失敗」においても常に入り込むものなのだが、長い目で見ればそれはあまりよろしくない。失敗から目をそらし、そんな自分を正当化することで短期的に心の平穏を得たとしても、長期的には軌道修正や成長のチャンスを逃してしまうので、それを繰り返すことで後悔する人生を歩み続け、気が付いてみるとその手には何も残っていないこともあるだろう。しかし、そんな自分を正当化するために、さらに自己弁護に執心したり、他人の成功を妬んで「あいつはラッキーなだけだ」といって自分を慰

価値割引率と時間的遅れのグラフ

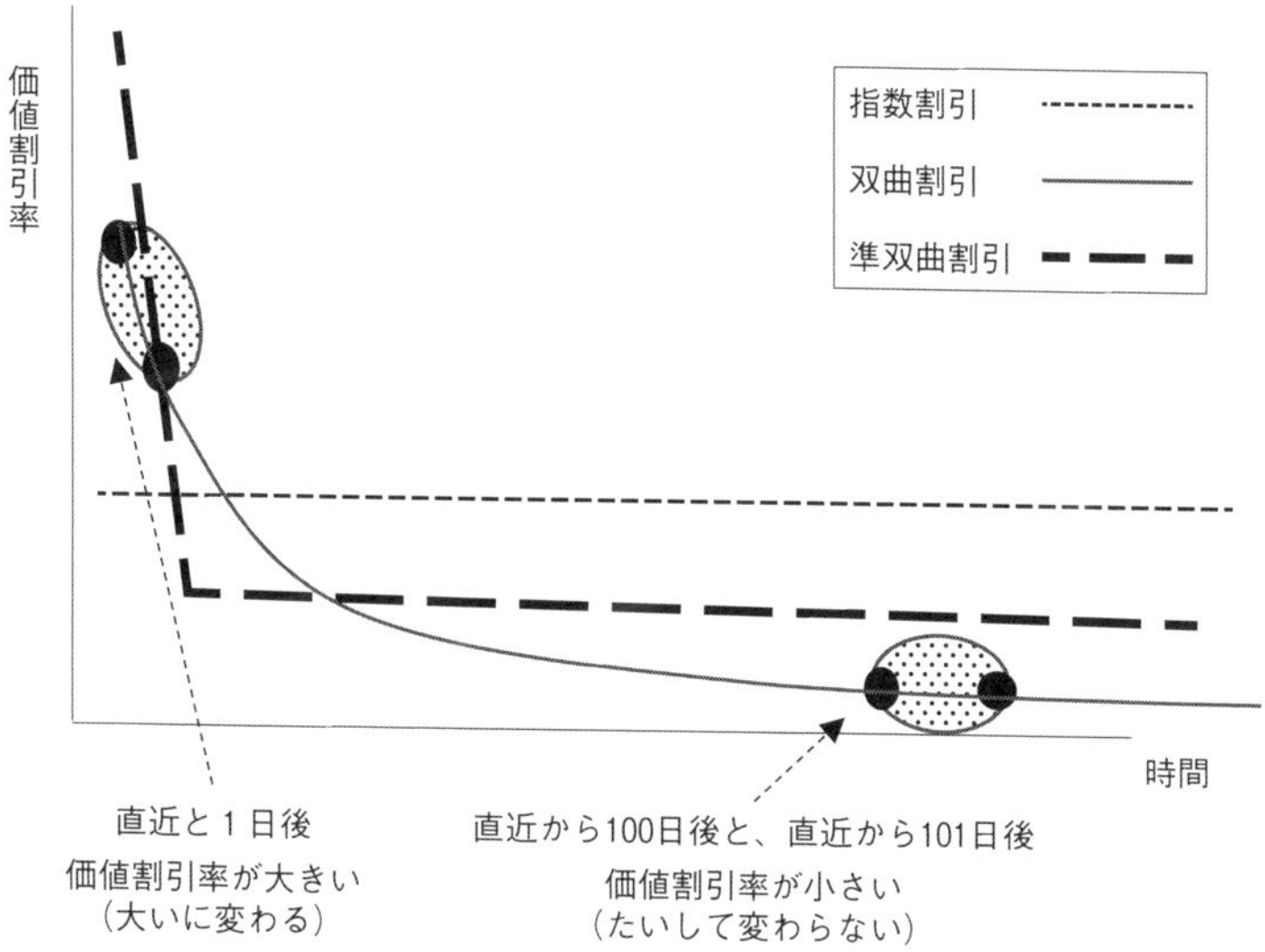

めるだけでは、とても虚しい人生を送ることになる。そうならないためにも、意志を強くもち、自分のことを随時自覚し反省することがもちろん大事となってくるが、その前に、そもそも人間というものが「今」を優先しがちであったり、目先の快楽に流されやすいこと、そしてあなた自身もまたそんな人間かもしれない、というところから話を始めてゆこう。

現在の快楽を優先しがちな人間の傾向性を説明するもので**双曲割引**（hyperbolic discounting）というものがある。[*1] これは時間経過をx軸、その人にとっての価値の割引率をy軸とした場合のグラフによって図のように表わすことができる。[*2]

双曲割引は時間の遅れに従って割引率が低下するので、指数割引の場合と異なり、時間が経てば経つほどに、いち早く飛びつくべき理由というものがなくなってゆく。これに対し、常に割引率を一定不変のものとして損得勘定するような指数割引的な人は、どの時点においても同じような選択をする。準双曲割引は双曲割引がデフォルメされたもので、直近において現在の財の価値や効用を割高なものとしてしか認識できないような**現在バイアス**が作用している状態を指す。

もしあなたが冷静で計算高い銀行員タイプや投資家であれば、指数割引のもと長期的かつ合理的に判断し、目標達成を行なうに最適な振る舞いをすることだろう。なぜならば、どの時点であれ割引率は変わらないので、一日待つことで得られる利益・快楽が同じならば、「今すぐか明日」であろうが「一〇〇日後と一〇一日後」であろうが同じ回答をするはずであるし、だからこそ現在につい飛びついて損してしまうようなヘマはしない。しかし、実際の私たちはそうであるとは限らず、日常生活においては双曲的に振る舞う傾向にある。もしあなたがルタオ（北海道ブランドの人気洋菓子店）のチーズケーキが大好きで、ある人からお土産でそれをもらったとしよう。しかし、あなたはダイエット中であり、しかも明日が健康診断（あるいは身体測定）であった。せめて食べるなら明日以降とあなたは考えているので我慢すべきと考えている。そのときに、そのチーズケーキに手を伸ばすのを我慢するときの苦痛を思い浮かべてほしい（お菓子でなければ、お気に入りのワインなどでも構わない）。次に別のケースを考えてみよう。ダイエット中のあなたはやはりルタオのチーズケーキが好きであり、抽選で当選したので一〇〇日後にそれをもらえることになった。しかし、一〇〇日後には健康診断（身体測定）があるので、あなたはそれが終わった一〇一日後にそれを届けてほしいと先方へ連絡しようと思っているとして、それを実行するときに感じるであろう苦痛を思い浮かべてほしい。さて、今すぐに食べられるケーキを明日まで我慢する苦痛と、一〇〇日後に食べられるはずのケーキを一〇一日後まで待たなければならないときの苦痛を比較すると、どちらの方が大きいだろうか。それはおそらく前者の方だろう。一つの理由としては、あなたがルタオのケーキを今現在まさに欲しているがゆえに我慢することの苦痛を鮮明に感じてしまうことにある。別の理由としては、現在のあなたからすると、一〇〇日後にケーキを食べることと一〇一日後にケーキを食べることの一日差は想像の上で考えているので大したことがないように感じ、その大したことのなさは理屈として冷静に（情動が捨象される形で）判断している、ということがあるだろう。さきの図の双曲割引はそうした心理状態を示しているといえる。

意志の力を過信しない

この双曲割引の心理的傾向がさらに準双曲割引であるとき、それは合理的でない人間にとっての心理的状態に近いものを示すことになる。たとえば、「大好きなドラマを今見るよりも、しばらく先までガマンしつつ勉強に集中してテストに臨み、それが終わった後で録画しておいたそのドラマをみる方がよい」という選好をもっていても、ついガマンできずに今ドラマを見て勉強をサボってしまう学生などがそれである。そうした人は、遠い将来なら待てるが、近い将来ならば待てないとばかりに、それを繰り返せば自分のためにならないであろう目の前の快楽に飛びつきながら、「今だけだから。明日からきちんと我慢するさ。俺だって、これ（欲望充足から得られる快楽）にそんな価値があるなんて思っていないよ。むしろこれを繰り返せばダメだってちゃんと分かっているからさ」といかにもなことを口にする。しかし、明日になれば、そこが「今」となって、今快楽を得ることこそがとてつもなく魅力的であると感じ、やはり我慢できずに同じことをして、それがその先も続くのだ。とりわけ、こうした準双曲割引的な行動を示すのは、今逼迫した状態にある人や依存症に陥っている人である。お酒やドラッグによって苦痛から逃れたい人、お金はないがどうしても憧れていて欲しいモノがあり、それを手に入れずにはいられないような人たちは、一〇〇日後と一〇一日後との時間差については「ああ、分かっているさ」とクールに語りつつも、今と明日との時間差には耐えられず、つい「今」を優先してしまう。簡単にいえば、「今」快楽を得られなければ苦しいのだ。もちろんそれは誰だってそうなのだが、「今」が気になり過ぎる人は、今それを差し控えることによって得られる将来の利益をどうしても低めに見積もってしまう。「今我慢したところで、そんなに影響あるわけではないし……」とか、「今ちょっとつまみ食いしたからといってそんな太るわけじゃないし……」といった具合に、今の欲望に流されてしまう。つまりは、今を我慢するところの機会費用を過小評価しすぎなのだ。そして、常にそんな「今」を生きるものだから、我慢して得られる利益を常に低く見積もり続けて無視しがちとなり、結局何も我慢しないまま時が過ぎ、気付いてみると貯金できなかったりダイエットに失敗した自分に悔やむことになる。どうか気を付けてほしい、今得られるところの「快」は、貯蓄や運動習慣、教養や技術習得のように積み重なることがない、いわば淡雪のようなものでしかないのだと。

　こうした人たちが変わりたくても変われない原因として、その人たちが或る財から途方もない満足感をまさに今受け取ることができる、という状況がある。俯瞰的観点からは「今」を優先すべきでないと頭では分かっていても、「今欲しい!」という情動をコントロールできず、現時点での欲望に流され、事が済んでしまってから「またやってしまった……」とか「なんで自分を変えられないんだ!」と悩み苦しむことになる。もしその情動を弱いものとしたいならば、その情動を否定するためのイメージを保持し続けたり（たとえばそれで人生を失敗した人・成功した人のビデオをときどき見るなど）、欲求の対象を別のモノへと置き換えることが必要になるだろう（ダイエット時においては、今食べようとするものを揚げ物から枝豆などにしたりなど。興味のある人は「あとがき」のケーススタディをみてほしい）。あるいは、ストイックな友人とダブルスを組んでテニスの練習をして大会にエントリーする、とか、食後にすぐさま歯を磨くことで「もう歯を磨いちゃったからなあ……」と夜食やおやつを摂取しにくい状況（摂取することにコストがかかる状況）を用意するのもよい。できれば、なるべくそれが苦しくないようなやり方、あるいは、本来の欲求以外の別のことに自然と意識を集中したりそこへと向かわざるを得ない状況を用意することで、自分にとって望ましい振る舞いをすること（あるいは望ましくない振る舞いをしないこと）へ心理的抵抗や努力感を和らげるやり方がよいだろう。

気を付けてほしいのは、「私はやるときにはやるんだから！」と自らの意志の力を過信しすぎると、ただ失敗してしまうだけでなく、その過信（誤った信念）を守るために自己欺瞞的になり、失敗を長引かせることもある、ということである。たとえば、現在の欲望に流されて失敗した人がどのように思考しがちになるかといえば、「まだいいや」とか「一回くらいサボっても大丈夫」と考えたり（**過度な楽観主義**）、「後半巻き返せる」とか「ここで無駄遣いしても、後で節約すればきっと来年には目標金額を貯めることができる」というように荒唐無稽な希望的観測にすがったり（**計画の錯誤**[*3]）、あるいは、「自分がやる気が起きなかったのは、親からいろいろ言われて気持ちが萎えたせいだ」というように、失敗を自分の内面ではなく外的要因に求めてしまう（**自己奉仕バイアス**[*4]）。これではいつまでたっても自分を変えられはしないが、その背後には「自分は本当はやればできるのに……」という誤った信念がある。「いつかできる」「後でも大丈夫」という自信過剰のもとでは一定期間内においてやるべきことがみえていない。だからこそ「二か月」「今週」というようにわりと短めのデッドライン、を設定し、逆算的に「今やるべきこと」「今日やるべきこと」を定め、それをルーティン化する方がよいだろう。

「二階の欲求」で現在の欲望に抗う

恐ろしいのは、自由意志をもっているとされる人間でも、状況次第によってはいともたやすく現在という泥沼に引きずりこまれ、そしてそのことを正当化する習慣のもと、その居心地よさからそこを自分の居場所とし、一生「現在の欲望」という泥沼から抜け出すことなく人生をそこで過ごしてしまう、ということである。準双曲割引グラフにおける「現在」をいつも繰り返し、「今だけはまあいいさ」といって言い訳をし、そんな「今」を延々と繰り返す。このような人は「現在」という名の泥沼に引きずり込まれているといえるだろう。そして、いつもいつもその泥沼にいると、人は泥沼から抜け出そうとせずに、泥沼のなかで居心地よい暮らしをするための選択肢ばかりを追い求めたりする(いわゆる適応的選好形成)。自分を変えることよりも、変わらない自分のままなんらかの快楽を得ようとして、その状態をずっと繰り返す(これは後述の「怠惰」のハナシとも共通する)。こうなってしまうと、もはや自分で自分を変えようとする意欲すら生じない。こうなる前に、なんとか現在という泥沼から片足だけでも引き上げる必要がある。

しかし、01で述べたヒュームがいうように、情念レベルにおいて望んでいなければ、人は理性を使ってそこから抜け出すことはできない。主人たる情念がまともであればまだしも、もしそれが「今の欲望だけをかなえるんだ! 未来なんて知ったことか」といったアレな御主人様であれば、いくらご奉仕する召使(理性)が有能であっても人生そのものは失敗してしまうであろう。しかし、「今欲していないこと」をどのように実現できるというのであろうか(そもそも欲していないのに!)。とはいっても、今欲していることに流されるだけで、それ以外のいかなる選択肢もその人に残されていないというのであれば、それはまるで非理性的で自由意志のない動物みたいではないか。欲求の力能性は認めつつも、それを乗り越えたり制御したりする理性的振る舞いの可能性こそが私たち人間の特性ではないだろうか。

人が人たる所以は、理性とそれに支えられた自由意志のはずである。人間以外の動物は食べたいものを食べ、現在の欲求を満足させようとする一方、未来の計画のために現在の欲求を抑制するということはしないと考えられている。もちろん、人間とそれ以外の動物とでは共通する部分もある。人間だって基本的には動物であるので、食べたいときに好きなだけ食べ、ムカつくやつがいたらぶん殴りたい、といった欲求はもっているし、そうした欲求に忠実な人もいる。しかし、社会的にまともな人間の場合、そうした欲求と反するような欲求をもちたいと思うこともできる。たとえば、あなたは今ポテトチップスを食べたい一方、野菜サラダなんて食べたくもないが、あなたが「ああ、野菜サラダを食べたいと思うようになりたいなあ」と願っているのであれば、それは基礎的な欲求に流されるだけの動物とあなたとは違うということである。フランクファートという哲学者はこのような欲求を**二階の欲求**と呼び、自由意志をもった人物とは二階の欲求をそなえた人物であると論じた。[*5] これは食欲だけのハナシではない、ムカつく人がいて憎んで罰したいとき、「赦そうと思っていないけど、赦そうと思いたい」というように、二階レベルにおいて欲するところの（しかし一階レベルにおいては存在しない）欲求をもちたいと願うことは往々にしてあるし、そうした素養がなければ人生は生き辛いだろう。

気を付けてほしいのは、これは「欲していないことを行なう能力」などではない、ということだ。たとえば、「欲してはいないが野菜サラダを食べることがよいとされるので、嫌々食べる」というのは合理的ではあるが、それは人間以外の動物だってできることである。主人に怒られたくないから、目の前の食べ物に飛びつくのを我慢する犬だっている。そうしたトレードオフは、人間であろうが犬であろうがしているわけだが、ここでのハナシで大事なことは「欲していないことを欲するようになりたい」という想い、そして、そうなるように自分が変われるかどうか、という点である（私の知る限り、犬という人間の良き友であっても「目の前の食べ物に飛びつくという、こんな自分を変えたい！」と誓ってはいないように思われる）。このように、「自分が欲していなくとも、それを欲したいと欲していること」こそが人間の特性であり、それこそが、今の情動的束縛からの解放の可能性、すなわち「自由意志」の可能性ではないだろうか。私たちが「今の自分を変えたい」とか、「流されてしまわない自分になりたい」と願うなら、この類の自由意志を意識しつつ生きるべきである。すると、まずは、①自分にとって望ましい事柄を基本的には（一階レベルにおいて）欲していないことをちゃんと自覚し、②特定の状況において快楽に流されやすい自分を認め、そして、③その望ましい事柄を欲していないが、それを欲するような欲求をもちたいと本当に自分が望んでいるかどうかを確認し、その気持ちに嘘偽りがなければ、④そのための努力を誓い具体的に対策を立てて一歩目を踏み出すこと（コミットメント）、が必要となる。[*6] それこそが真の自由であり、欲望の操り人形である私たちに残された唯一の希望となりうるものであろう。

＊1　n期後の割引現在価値をD(n)とした場合、双曲割引では $D(n)=1/(1+\alpha n)$ という関数で表わされる（αは正の定数）。また、後述の準双曲割引では、n=0のときは、D(n)=1という形で、n>0のときは（直近以降のとき）、$D(n)=\beta\delta^n$ という形で表わされる（$0<\beta\leq1, 0<\delta\leq1$）。

＊2　図は、池田新介［2012］七九頁、図3－5（b）を参考としている。なお、これは割引現在価値と時間との関連を示すグラフではないので注意されたい。これは、割引率（価値が割引かれる度合い）が時間に伴いどれくらい変化してゆくかを示すグラフである。

＊3　計画の錯誤とは、計画遂行までのコストや時間を過少に見積もり、現実の状況や当事者の力能では不可能なプランを可能と思い込んでしまい事業に着手もしくは継続し続けてしまうこと。

＊4　自己奉仕バイアス（**self-serving bias**）とは、成功を当人の内面的または個人的要因に帰属させ、失敗を制御不能な状況的要因に帰属させること。簡単なものとしては「成功したのは私の頑張り。失敗したのは周囲のせいで私にはどうしようもなかった」というもの。自身が加害者のときには「どうしようもなかった」と免責的に捉え謝罪や賠償を渋る一方、自身が同じことをされたときにはその加害者に「しないことも可能だったはずだ」と悪意や過失をそこに見出して謝罪や賠償を求める、というものである。

＊5　**Frankfurt**［1971］.

＊6　将来自分がくじけてしまいかねないと事前に予測できるのであれば、そんな自分でもそうせざるをえない状況を作っておくことである。これを**プリコミットメント**という。たとえば、飲みに行って酔っぱらって楽しくなると大金を使うクセがある人は、飲みに行くときに三〇〇〇円以上はもっていかない、とか、つい勉強中にスマホをいじくってしまう人は、家にスマホを置いて、バスで一時間くらいかけたところにある図書館へ勉強をしにゆく、などがある（わざわざ時間とお金をそこまでかけて図書館に来たのであれば「すぐに帰ったらもったいないなあ」と思い、勉強に打ち込む方がまだマシと思えるわけである）。

04 本当にダメ人間なのか？

「ダメ人間」と「疑似ダメ人間」

あなたの周りには「だって〜、仕方なかったんだもん」とか、「私がこんなんなのは、別に私のせいじゃないから！」といって言い訳ばかりしている人はいないだろうか。まあ、たしかにダメ人間がダメたる所以は、できて当たり前のことができない、という点にあり、それを非難することはそもそもが「不可能を可能にしろ！」と無茶を言っているのかもしれない。私たち人間が空を飛べないのに「飛べ」と言われても困るように、ダメ人間に「ちゃんとやれ！」と言ってもそれは相手を困らせるだけ……なのだろうか？

「べしはできるを含意する」という規則のように、「不可能なこと」を「すべきだ！」と求めることは不条理である。その意味では、真なるダメ人間に当たり前を求める必要はない。しかし、世の中には疑似ダメ人間もいて、彼らは前述の規則の適用対象ではないくせに、「不可能なことを求められるいわれはない」とあたかも自分たちを真なるダメ人間とみなすよう周囲に要請し、そしてサボってできなかったことを責めないよう要求する。

もちろん、できるくせにサボって、しかも甘ったれた振る舞いをしようとする点では疑似ダメ人間も或る意味ではやはりダメ人間である。真正ダメ人間がどんなに頑張ってもうまくできないのであれば、疑似ダメ人間はうまくできるくせにどうしても甘えてしまうので、「甘えずにはいられない」という別レベルでの不可能性を伴っているのかもしれない。しかし、その不可能性には、そうした人の甘えを許してしまう周囲の寛容さやその人自身の勝手な思い込みが原因となっているケースもあるのではないだろうか。もしそうであるとすれば、そこには、「そうなるように決まっているから仕方ないよね」という決定論的世界観こそがその根本的原因となっているといえるだろう。つまり、周囲がそうした世界観のもと寛容であることを――そして人びとがそれを一種の「徳」や「理知的態度」として尊重していることを――疑似ダメ人間が理解し期待しているからこそ、それがインセンティヴとなってついつい甘えてしまい、結果として真正ダメ人間と同様にうまくゆかないこともある。大事なことは、「流される」という結果が同じだからといって、両者の在り方や、その原因が同じであるとは限らない点にある。両者はいずれにしても「ダメ」であることに変わりはないし、「原因→結果」というような因果的影響を受けているのかもしれないが、その受け方において差異がある場合、私たちは両者を同様に評価し、同様に取り扱わねばならないとも限らない。[*1] たとえばフランクファートが提示する以下のハナシを考えてもらいたい。

【ケース3】

ある誰か――ブラックと呼ぼう――が、ジョーンズに或る行為をやらせたい、としよう。ブラックは自分の思い通りにするためなら、相当なことをやってのける覚悟があるが、不必要に自らの手の内を見せることは避けたい。だから、ジョーンズが何をするか心を決めるそのときまで、ブラックは待つ。そして、ジョーンズが決意しようとしている行為が、ブラックの望んでいるのとは別のものであることが明らかにならない限り（ブラックはそういうことに関する卓越した判定者である）、ブラックは何もしない。もしジョーンズが別の行為を決意しようとしていることが明らかになれば、ブラックは効果的な手段を用いて、ブラックがジョーンズにやらせたいことを、確実にジョーンズが決意し実行するようにする。[*2]

さて、ここでブラックはジョーンズの主治医だとしよう。最近ジョーンズは隣人スミスとご近所トラブルで険悪な仲にあり、そのことはブラックも承知している。そして実は（これは内緒なのだが）医師ブラックは、スミスの奥さんと浮気をしていたが、実はそれがバレかけており、このままでは多額の慰謝料を払わなければならない。そんなある日、ブラック医師のもとに訪れたジョーンズは「明日、スミスの野郎を拳銃でぶっ殺してやろうと思うんですよ！　そうしないと俺は頭がおかしくなっちまいそうで！」と告げた。ブラック医師は建前上「まあまあ落ち着いて……」となだめたが、これは千載一遇のチャンスと思った。しかし、どうもスミスは気持ちがコロコロ変わるし、一貫性がない。この気持ちが明日まで続けばよいのだが、そうでなければなんとかする必要があるだろう。

そこでブラックは開発中の或る装置をジョーンズの頭に「治療」と称して埋め込んだ。これは小指の爪の一〇〇〇分の一ほどのサイズでジョーンズの健康に悪影響を与えるものではないが、実はこの機械は脳の情動部分をスキャンしつつ、或る条件のもとでは脳に電気刺激を与えて或る強烈な

『自信過剰な私たち』正誤表

・28 頁，後ろから 5 行目

（誤）どうもスミスは気持ちがコロコロ…

↓

（正）どうもジョーンズは気持ちがコロコロ…

・62 頁，後ろから 3 行目

（誤）さらに一五万円もらえる賭けと…

↓

（正）さらに一〇万円もらえる賭けと…

意欲を誘発するものだった。それは「ジョーンズが二四時間にスミスに殺意を抱かない場合には、スミスへの殺意を喚起する」というものだ。さて、これでいずれにせよ、ジョーンズの未来（明日）は、スミスへの殺意に突き動かされるしかない、ということになる。そして、翌日になると、その装置が作動して電気刺激を送ることはなく、ジョーンズはスミスを拳銃で殺害したことがニュースで取り上げられていた。

Q. この場合、スミスの殺害について、いずれにせよそうするよう他はない形で決定されていたジョーンズの責任ではない、ということになるのだろうか？

おそらく多くの人が「え？　それはジョーンズの責任だろう」と思うことだろう。しかし、それはなぜであろうか。ジョーンズはどう足掻いても「翌日にはスミスを殺害するように決められていた」わけである（他の可能性はなかった！）。つまり、スミスを殺さないでいることは不可能であったのだ。しかし、ケース3の殺害においてその責を負うと思うのはなぜかといえば、それはその殺害が「ジョーンズ本人の意図」によるものだったからであろう。つまり、そうするように決められているとしても、その決められ方次第によって、或る行為が本人の意図のもと責任を負う場合もあれば、そうでない場合もある、ということである。

「自由意志」は存在しない？

これに対し、「いや、そもそもジョーンズ本人がそのような殺意を自然に抱いてしまうこと自体、そうなるように自然法則のもとで決定されていたので責任がないのでは？」と主張する人もいるだろう。こうした人は、因果的決定論のもと、人間の行為をすべて「そう決まっていた」として責任を免除しようとする。しかし、それが正しいためには、原因としての「怒り」「殺意」が、自然因果的に「殺害」を引き起こすことが証明されねばならない。とはいえ、地球上の通常一気圧のもといかなる水（H_2O）であれ一〇〇℃になれば沸騰するのとは異なり、「殺意」がそこにあれば必ずしも「殺害」が実行されるわけではない。或るタイプの「殺意」（を示す脳状態）が或るタイプの「殺害」を引き起こすということは厳格には証明されておらず、「そこには因果性があるかもしれない」というのは一種の解釈的説明にすぎないのである。「そうなるように決まっている」「決まっていたので責任などない」という主張が科学的に正当なものであるとするならば、それが自然法則のもと因果的に引き起こされたことを例証する必要があるだろう。[*3] 実際の裁判などで有責性が論じられるのはまさにそうした自然的因果性の存在や不在が示される場だからであり、だからこそ、自然的因果性のもとで引き起こされた「どうしようもなかった」事象について、それが示されることで行為者の責任は免除されるが、そうでない場合にはその責任が追及されることとなる。たとえば、仕事直前に同僚Aは同僚Bの飲み物にひそかに薬物を混入し、その作用から前後不覚になって危険な作業をしたBが事故を起こしたとしよう。このとき、因果的にその事故を引き起こしたのは「薬物」およびそれをひそかに飲ませた「同僚Aの振る舞い」ということになり、事故を起こした作業員Bは（過失がなければ）免責されるだろう。そして、裁判において因果的に証明できるのはそこまでであり、同僚Aがなぜそうした振る舞いをしたかについて「予想」「解釈」することはできても（過去に両親から虐待を受けたり、周囲から孤立していたのかもしれないが）、その因果性を持ち出すことで同僚Aの無罪を立証することは通常なされない。だからこそ、その場合には作業員Bではなく、同僚Aの行為責任が問われることになる。[*4]

たしかに「何を意図するか」はその意図以前に決まっているかもしれない。実際にそれを示す論文もある。[*5] しかしその意図がそのまま実行されるかどうかは決して定まっているものではない。とりわけ、単なる行動以上に複雑な認知を伴う「行為」であればなおのことであろう。もし結果論的に決まっているように見えるとしても、その決まり方は「水が一気圧のもとで一〇〇℃で沸騰する」とか、「地球上においてリンゴを空中から落とせば下へ自由落下する」かのような決まり方としてではない。そこには個々のモラルや抵抗の意志、それを含んだ個々人の性格など「人間性」が介在しうるのだ。[*6]

「責任」の行方

すると、前述の疑似ダメ人間が「いやー、私がこうなのも仕方ないんですよー。だから責任なんてないんですぅ」と言い訳をしても、それが人間の社会において仕方ないこととして取り扱われるわけではない。これは真正ダメ人間についても同じであり、だからこそ、私たちの社会は真正ダメ人間に対して過剰な要求をしたり、辛辣な非難を浴びせ、無駄に苦しめてしまうこともある。それを踏まえリベラルな人たちは「安易な自己責任論はやめろ！」と叫ぶわけだ。そしてその叫びはもっともである。そもそも、真正ダメ人間を非難すること自体がおかしいのだから。

ただし、真正ダメ人間特有の免責性を悪用しようと、自身を真正ダメ人間であるかのごとく装い、利益だけを得て過失・悪行の責任をとろうとしない人たちが存在している可能性もある。心優しき人たちは「そんなことはない！　それに、そんなことは証明できない！　もっと人を信じろ！」というかもしれないが、証明できないという点では、その人を免責する際に根拠となる（心的な）因果的決定論も同様である。誰が真正ダメ人間で誰が疑似ダメ人間か、それを正確に見抜いて指し示して証明することは誰にもできない。「欲望に流される」「他者に危害を加える」といった「失敗」の結果だけでは、その人が真正ダメ人間であるのか疑似ダメ人間であるのかを区別することはそもそもできないのだ。できることといえば、状況証拠として、その人が普段からそうしており、日常生活でも明らかに不合理で分別がつかないことをして自分が損をするようなことばかりしていたかどうかを調べるくらいであろう。

この問題をややこしくしているのは、「世の中には真正ダメ人間であるかのように振る舞う疑似ダメ人間が実際にいるかもしれない」という懸念である。フリーライド的疑似ダメ人間がそのような決定論的免責論の言説を利用しないとは言い切れないし、別にフリーライドを目論んでいなくとも、ふつうの人だって、決定論的免責論を信じがちであれば、自由意志のもとで己を制御しようとはしなくなり、逸脱行動が増えることだろう。実際、「自由意志は幻想である」と情報を与えられた被験者たちが反道徳的な行動を示したという実験結果もある（Vohs and Schooler［2008］）。人は「自由意志は存在し、責任はきちんと取らねばならない」と信じているからこそ反道徳的行為を差し控えることができるのかもしれない（逆に、そう信じないですむ被験者は、自分では気付かないうちに「疑似ダメ人間」となったのかもしれない）。もちろん、「そうした疑似ダメ人間は流されている、という点で因果的影響を受けている」ということはできるが、しかし自由意志のもと責任をとらされるという前提ではきちんと振る舞うことも可能であったわけであり、そのためには「それはけしからん」という非難や、「きちんと責任はとるべきだ」という責任追及のシステムが必要となることもあるだろう。しかし、外部からのプレッシャーだけに頼ってはならない。できることなら疑似ダメ人間であっても、自分自身の意識を変化させ、モラルに反する行動をとらなかったり、欲望に流されて自分自身をダメにしないよう心構えをするに越したことはない。なぜなら、責任をとらされてしまうのは、他ならぬ「自分」なのだから。

＊1　しかし、正直にいえば私は「真正ダメ人間」と「疑似ダメ人間」の区別がきちんとつけられるかどうかは自信がない。どちらも概念的には存在可能であるのだが、特定の人を「こちらのダメ人間タイプだ！」と決めつけることはなかなか難しいからだ。甘えをきちんと改善してうまくいくことが確認されたのであればその人を「疑似ダメ人間」と結果的にみなせるが、そのような改善の機会がなくうまくいかずに失敗して終わった人間がそもそもどちらであったのかは、それを語る側の主観的思い込みがかなり介入してしまう。もちろん、見分けがつかないからといってどちらかが存在しないということにはならないし、目の前のうまくゆかない人をとにかくケアすることに意義があるケースもあるだろう。

＊2　ここまでの箇所は Frankfurt［1969］に登場するジョーンズ（4）のケースの引用である。ただし、それ以降のご近所トラブル等のくだりは筆者によるアレンジである。

＊3　もちろん「タイプ」の因果性でなく、「トークン」としての個別的な因果性を想定することはできる。しかし、それが「その時」「その場所」「その人」にだけ作用するような因果性であるとすれば、それを科学的に証明することは難しく（そのようなトークン因果性を再現実験によって例証することは不可能であり、それは客観的に共有可能な法則的知識とはなりえないので）、裁判でそうしたものを免責のための証拠として持ち出すことはかなり難しいだろう。

＊4　ただし、これは、同僚Aがそこに至るまでの意図や動機の形成に作業員Bが関与していない場合のハナシである。もし作業員Bが同僚Aの奥さんと不倫していたことにAが気付いて怒っていたり、Aが普段からBにいじめられていたことに対する憎しみを抱いていたのであれば、その事態を招いた一因としてBのそうした振る舞いが考慮されるので、情状酌量のもとでAの責任は減じられることもあるだろう（しかし、責任がゼロになるとは限らない）。

＊5　たとえば、リベットの有名な実験（Libet［1985］）では、時計の針の動きを観測中に、針がどの位置に来

たときに指や手首を動かそうとしたのかを確認する実験を行なったところ、それらを動かそうという意志が（意識に）現われる以前に、すでにそれらを動かすための運動準備電位が（無意識のもとで）生じていた。これは実質上の行為指令がなされた後で、「よし、これをやろう」という意志が生じていることを示している、とされる。

＊6　前注のリベットの実験も、「なぜそんな原因としての運動準備電位が生じているのか」と問うと、それは「実験協力を頼まれて、そのような実験を請け負ったからだ」というさらなる原因を答えとして挙げざるを得ない。そして、「そんな実験を請け負うための準備電位が、実験依頼以前に生じていたのか？」と問われると、おそらく答えは「ノー」であろう。するとそこでは、①実験協力を依頼され、②「はい」と口にする準備電位が生じた後に、③「はい」と言おうと意志して、④「はい」と実際に口にした流れがあるのだろう。しかし、ここでのポイントは、「実験協力を依頼されたら、（その人における準備電位発生後）その人の意志のもとでそれを請け負った」というような、「その人」性を示す個別的なパーソナリティといえるだろう。いくら意図および意図的行為以前に運動準備電位をみつけようとも、そもそもその運動準備電位がなぜ生じたかについて、その人本人のパーソナリティを捨象して成立するような法則性が提示されない限りは、個人の意志と責任を全否定する根拠などないように思われる。

05 自分を変えるためには

人生はどの程度「決定されている」のか

疑似ダメ人間であっても自分を変えることができる可能性がある、ということを前章では述べたが、しかし、なかなか変わろうとせずに、自分を変えることから逃げ続けている人も少なくはない。そうした人たちは、フランクファート流の「意志の自由」と「責任可能性」から目をそらし、言い訳ばかりをする。その際、「自分はもともとこんな人間だ」とか「自分は欲望に負けるべく生まれつき決定されている」など、すぐに因果的決定論を持ち出したがる。たしかに、人がどんな性格・能力をもっているかは、生得的か環境的か、もっと簡単にいえば生まれや育ちの影響を受けている。だがよく考えてほしい。石ころのような物理的対象であれば坂道をどのように転げ落ちるかが因果的に決定されているので、そのことを理論的根拠をもって予測することは可能であろう。石ころがどのように坂道を転がるかはまさに決まっているし、それを或る程度予測できる。しかし、人間が人生の坂道をどのように進むのかは決まってはいない。それに転げ落ちることもあれば坂道を上ることもあるわけで、人の生き方について自由意志がまったく無力で空虚な概念であることを示すことはできない。たとえ、決定論によってうまく説明できたように見えたとしても、それは決定論的な根拠ではなく、決定論的な解釈を示しているにすぎない。「幼少期に虐待された」「貧困のもとで育った」などの要因によって「×××のようになりやすい傾向にある」という統計的根拠を持ち出したとしても、それは決定論的解釈をサポートすることはあっても、それ自体は決定論的（因果的）根拠にはならない（だからこそ、そんな悲惨な状況にあってもそれを克服してきちんとまっとうな人生を送っている人もいる）[*1]。

決定論を科学として人間社会や法システムに適用するというのであれば、それは科学理論特有の予測可能性を伴うものでなければならないが、あいにく人間には「予言破りの自由」が残されている。その人に対しその後の行為を予言して観測することそれ自体がその予言の成就を妨げるような「人間」が存在する以上、そうした人間を石ころ同様にみなすことは原理上不可能なのだ。実際、多くの人がそうした予言破りの自由を行使している。たとえば、周囲から侮蔑され続け、「お前が大学の教員なんてなれるわけがない」といろんな人に否定的な予言を受けてきた人がいるとして、そのたびにいろいろ足掻いてなんとか――運が良かったこともあるが――それらの予言を少しばかり破れた人もいるだろう。もちろん破ることができない予言もある。たとえば、「ノーベル賞をお前は絶対に取れない」と予言されてしまうと、ほとんどの人がその予言を破ることはできない。しかし、そうした**否定的予言**は、予言対象であるその人が因果的にどのように決定されていることを示すものではないし、そこには理論もへったくれもない。なぜなら、そうした否定的予言は、その人がどのように苦悩し、努力し、何をどこまで成し遂げるかについて何も語っていないからだ。そして、私たちは、そうした否定的予言のみでは語ることができない「ストーリー性」をもった存在であり、だからこそ、運命の操り人形などではない「行為者」として生きているといえる。

もちろん、真正ダメ人間のようにどうしようもなくダメな人もいる。しかし、結果論のもと、うまくいかなかった人、欲望に流されてしまった人をすぐさまそのように認定してはならない。「結果として流されたのだから、欲望は強かったということになる。なのでそれは仕方ない、となるのでは?」というのであれば、それは自身が信じるところの因果的決定論を前提とした主観的解釈にすぎない。[*2] かのニーチェは自由意志の概念を否定はしたが、同時に、落伍者や犯罪者に対する決定論をベースとした免責論も「一種の社会主義的同情」として一笑に付している。「いかなるものにも影響を受けない自由意志」というのは虚構的概念であるが、「すべてにおいて他者の影響下にある意志」というのは単なる言い訳であり、どちらも現実を歪めて解釈したものにすぎない。ニーチェにとって、現実の生において問題となるのは、「強い意志と弱い意志」であり、重要なことは私たちがどちらの意志に基づきながら生きてゆこうとしているのか、というハナシである(『善悪の彼岸』第一章第二十一節)。

フロイトの主張とアドラーの主張

「失敗する人間はどうしても或る種の欲望に逆らうことができない。だから、失敗するのも仕方ないんだ」という捉え方は、その主体を「異常」「病気」「治療の対象」「免責されるべき人」として理解するものであり、その源流はフロイトの精神分析とその無意識理論に見ることができる。フロイト派によれば、人の心は「無意識の欲望(エスもしくはイド)」「自我(エゴ)」「超自我(スーパーエゴ）」の三区分の構造をとっており、エネルギーをもったイドの要求と、それを社会的・倫理的に抑制する超自我の要求があり、両者を調和・調整する形でどのように振る舞うかという意識的選択を自我は行なっている。[*3] ただし、エスに含まれるトラウマ・攻撃欲（と関連する性的衝動）などは意識できないものであり、本人自体がそれを自覚することはできない。だからこそ、それがあまりにも肥大しすぎたり、あるいは超自我が弱まる場合、自我における意識的振る舞いがエスを直接的に反映する形で反社会的なもの、歪なものとなりうる。フロイトが治療したヒステリー患者（現代でいうところの解離性障害）もそうした無意識のエスに振り回されており、自由連想法によってそれを次第に意識化するようになることでその症状が緩和される、とフロイトは主張した。しかし、言い方を変えるとこのことには、そうした問題行動に悩む人は自分で自分を救済できないことが暗示されている。ここから、「人は無意識およびその原因となった環境や性質に左右される」とか「本人ではどうしようもない人もいる」という人間理解が説得力をもつようにも見える。

たしかに事実として、自分で自分を救済できない人は存在する。そうした人たちはカウンセリングや、他者からの慰め、環境の変化がなければ失敗し続けるだろう。しかし、だからといって失敗し続ける人のすべてが自分で自分を救済できないとは限らない。もしかすると、そのやり方が単に間違っていたり、諦める必要がないものを諦めているだけかもしれない。心理学者アドラーは、フロイト的な人間理解を極端なまでに突き詰めた因果的決定論を振りかざしつつ自己弁護に執心しがちな人たちに対し、次のように批判する。

しかし、こういうことによってはっきりするのは、こうした人々は責任を取りたくないのだということだけである。彼らはこうしたやり方でいつも注意深く、そして見せかけの正当化を用いて、自己批判を免れようとするのである……自分自身を認識し変えていくということは、人間にとって一番難しいことのように思われるのである。（アドラー（1987）一二一頁）

しかし、その難しいことをどうやって自分でやり遂げることができるのか。それは、人間が何かに動かされる存在だとしても、それを「過去によって決められている」という因果的決定論の文脈で理解するのではなく、「未来へと向かってゆく」というような目的論の文脈で理解することにヒントがある。

すなわち人間の精神生活というものは、目標によって規定されているのである。どんな人間も、これらすべてが自分の目指す目標によって規定され、条件づけられ、制限され、方向づけられるということなしに、考えることも、感じることも、欲することも、そればかりか夢見ることもできない。（同前、一二一頁）

つまり「未来にはこうなりたい」という目標が今の自分を動かし、それによって今の自分が変わってゆけることこそ、単なる物体ではなく精神的存在としての人間なのであって、そこにこそ人間の自由意志と可能性がある、といえる。もちろん、本当にどうしようもない人に対しアドラー的なお説教を振りかざすべきではないが、しかし、本当はどうにかなるであろう状況のなか「決定されている自分」という諦めに耽溺しようとしているならば、その人はアドラー的な思考法をとる必要があるだろう。

「自分の人生」を生きるために

個人的な体験としては、自分のなかにある別の情念――ヒューム的にいえば、別のご主人様――を見つけ、それに頬を引っぱたいてもらうことも重要だと思う。たとえば、「自分は馬鹿にされている……」といった劣等感ゆえに人は苦しみがちであるが、そこから「自分を見下している周囲を見返してやる」といった復讐心などに動機付けられて自己成長を遂げることは決して悪いことではない。ネガティヴな情念すら自身の根源的な一面であって、それが発生してしまった以上、いくら目を逸らしてもそれをなかったことにはできない。大事なことは、その苦しみのもとで肩をすくめるか、未来を見据えて歯を食いしばるか、である。「自分のような人間をダメだと見下す社会は不寛容でモラルがない。彼らの方にこそ問題があるのであって、自分はこのままでいいのだ」といって道徳主義的自己正当化に浸ったり、「世の中ってこういうものだ。いちいち気にするのが間違っているのさ」と批評家っぽくいってしまうのは簡単である。しかし、それは今の弱い自分を受け入れることこそが正しいのだ、という自己弁護にすぎない。そうした自己弁護は、自身の価値を認めない世俗的価値観を「間違っている」とするものであるが、しかし、そうしたことへ熱心にエネルギーを使うことは、自己変革への動きを減退させるものである。これはまさしくニーチェが『善悪の彼岸』や『道徳の系譜』にて「畜群道徳」「奴隷道徳」と呼んだものであろう。何もない奴隷は怨恨（ルサンチマン）を貴族的な人びとに対し抱いている。しかし現実において有効な復讐方法をもたないときどうするかといえば、「何も持っていないこの状態こそ、お金や権力などの世俗的欲望を超えた価値がある」と信じがちとなる。これによって価値転換を図ることは、無意識下の欲求不満状態から心を守るための防衛機制

（合理化）の一種といえるだろう。ただし、それは本来存在しない幻想・虚無にすがることであり、本来の望むところのものの実現（復讐の遂行）とは正反対の結果に落ち着くことでしかない。そのような自己正当化に耽溺しているだけでは、自分自身の可能性をダメにしてしまうこともある、というわけだ。

いずれにせよ、もがき、苦しみ、足掻き、怒り、そしてまた足掻く。そうやってトライしてゆくそのプロセスこそが人生のストーリーであり、それこそが交換がきかないこの自分の人生なのだ。しかし、そんな人生を「生きる」ためには、まず、「今の自分のままでは許せない」という情動に向き合う必要がある。「ええ、自分は弱いですし、変わらないといけないのは分かっていますから……ええ、分かってますとも」と口でいうだけではダメなのだ。もちろん、きちんと己に向き合い、現状を乗り越えるような意欲がもてるかどうかすらも「自分を超えたもの」に決められているとすれば、結局は決定論に屈するよりほかはないだろう。しかし、そこに本当に自分自身がコミットできないのか、思い切ってトライしてみることも人生においてどこかで必要となるのではないだろうか。たしえ周囲から「君ができないからって、私たちは責めやしないよ。だから無理しなくてもいいんだよ」と優しく微笑んでもらっているとしても。

＊1　むろん、統計のなかにも隠された因果関係が存在しうるだろう。たとえば、虐待や貧困のなかで育ったが社会的に成功した人には、味方となってくれた友人・教師などが傍にて、彼ら・彼女らのおかげでそうなったかもしれない。そうしたとき、そこには「虐待・貧困→社会的不成功」という因果的連関を阻止する要因があり、だからこそ、通常は観測できたはずのそうした負の因果関係が表に出なかった、という解釈も可能となる。

＊2　この点については、中村［2015］第七章を参照されたい。

＊3　フロイト（1970）。

06

過去という呪い

——なぜ、人はこだわって損をしてしまうのか

人は現在の欲望にとらわれがちであり、泥沼の現在を何回も繰り返すことがある。そのために、長期的に何かを成し遂げることができなかったり、あるいは、いつの間にかコストが積み重なっていて大損をしていたことに愕然とすることがある。しかし、気を付けるべきは現在の欲望だけではない。すでに済んでしまったこと、すなわち過去というものが、今何を選ぶかに左右することだってあるのだ。あなたがこれから選ぼうとしていることは、本当に今この瞬間あなたが選ぶべきものであるのか、そのことについて本章で考えてみよう。

過去が人を誘導する——サンクコストの問題

人は過去を美化しやすい。とりわけ、今の自分がうまくいかないことから目を背けたいとき、帳尻を合わせるかのように、過去の自分がすごかったように、あるいは過去には栄光があり、自分は本来

その延長線上にいるべき人物であるがたまたま今はそうではない、という一貫したストーリーのなかに自身を置きたがる傾向がある。これは**バラ色の回想**（rosy retrospection）というもので、過去時点におけるその出来事を、そのときの実際よりもより高めに評価してしまうというものである。昔の武勇伝を語りたがる元ヤンキー、昔はモテていたのに最近いい男が周囲にいないと嘆くOL、最近低調なうえコーチと折り合いが悪いアスリート、彼ら・彼女らの愚痴において「昔はイケていた」という過去話が登場するとき、ほぼ記憶にゆがみが生じていると思ってよい。そして厄介なことは、本人自身がそれを信じ込み、「今うまくいっていないのは周囲のせいで自分は悪くない」と自己正当化をし、うまくいっていない今の自分を変えようとはしなくなる点にある。

もっとも、これはうまくいっていない「今」が、その人に幻影としての過去を見せ、そして現在という泥沼にそのまま引き留めようとしているだけなので、過去そのものに引きずられているとはいえないかもしれない。そこで、今度は本当にあった過去の出来事が今のあなたを誘導しようとするケースを考えてみよう。

【ケース4】

今週土曜日、大好きなアーティストのライブがある。払い戻し不可のS席一万円のチケットを事前にネットで購入した。しかし、当日起きてみると大雪で交通機関がストップしている。唯一タクシーのみが使えるが、往復一万円かかる。

Q. 会場に行ってライブに参加する？　それとも行かない？

【ケース5】

今週土曜日、大好きなアーティストのライブがある。ドタバタしてチケットを買うのを忘れていたが、当日窓口でS席（一万円）のみ購入できるとのことであった。しかし、当日起きてみると大雪で交通機関がストップしている。唯一タクシーのみが使えるが、往復一万円かかる。

Q．会場に行ってライブに参加する？　それとも行かない？

どちらも「行く」を選ぶのであれば、あなたは結果的に同じトレードオフをしていることになる（二万円払ってS席でライブを見る）。ゆえに、もしケース4で「行く」と選ぶ人であれば、ケース5でも「行く」とするのが合理的であろう。選好順でいえば、ライブ＞2万円、なのであるから、ケース4でもケース5でも同じことが問われていることを考慮するならば、合理的であれば当然同じ答えを出すはずである。しかしながら、なかにはケース4では「行く」のに、ケース5では「行かない」と答える人もいる（私もそうだが）。それはなぜなのか？

これは、人は**サンクコスト**（**sunk cost：**埋没費用）に引きずられやすいということを示している。サンクコストとは、すでに回収不可能な費用のことで、この場合、払い戻し不可能なS席チケットへ支払った「現金一万円」のことである。ただし、ケース4で行くことをすぐさま「サンクコストに引きずられた不合理な行為である」と決めつけることはできない。それに、動機付け理由というものに注意すれば、ケース4とケース5とで選択の違いが生じても別におかしくはない。そのことを以下説明しよう。

ケース4において、現金一万円はたしかに埋没しており現金として回収することは不可能だが、雪のなか、通常よりも高額の交通費（一万円）を支払って見に行くことで、支払ったチケット代一万円分よりも多くの快「一万円＋α」[1]を得ることができる。さて、ライブで得られる快は「一万円＋α」分であり、一連の総コストは二万円（チケット代＋交通費）なのだから、「ライブに行ってよかった……」となるためには、一万円＋α－二万円の値、すなわち「α－一万円」の値が正であればよい。もちろん猛吹雪になったせいで通常よりもその値は小さいだろうが（交通費が安い通常のケースと比べれば、α分の満足度からかなりのコスト分が差し引かれているので）、チケットを購入して見に行かない場合の損失である「－一万円」がここでは重要となる。この「α－一万円」が、「－一万円」よりも大きいのであれば（マイナスの値が小さいのであれば）、その購入者はケース4では見に行くような動機付け理由をもっていることになる。ゆえに、チケット購入者が、そのライブの価値を本気で一万円以上（一万円＋α）と思っているならば、ライブに行く選択自体に不合理性はない。その行為はできるだけ満足を得ようとしているにすぎない。

　他方、ケース5ではいまだ現金は埋没していないので、「何もせずに現金を埋没させない」ということと、「二万円を払ってライブを見に行く」ことの比較、そしてそのうちのいずれかを選択可能である。もし、ライブの価値が購入者にとっての「一万円＋α」だとしても、そのαが二〇〇〇円程度のものだと仮定してみよう。このときケース5では、「何もしないこと」の損失はゼロであるが、見に行く場合は「α－一万円」の損失、すなわち八〇〇〇円の損失が生じる。するとこの場合、ケース5では（ケース4とは異なり）ライブに行かないという選択もありうるのである。つまり、ケース4とケース5とではそもそもシチュエーションが異なるがゆえに、行為者それぞれの動機は異なり、当然それぞれの行為が異なりを見せたとしてもおかしくはないのだ。結果重視の効用主義的観点からすれば「二万円払って大雪のなか、一万円＋α分の満足度を与えてくれるライブへ出かけるかどうか」

という点でケース4とケース5は大して変わらないが（いわゆる「無差別的」であるが）、動機付けの観点からこの問題を捉えるならば、ケース5でのライブ拒絶というものは「その状況においてできるだけ損失を回避しようとしている」という解釈が可能となるので、その理解の仕方においてはケース4とケース5は異なるものといえるである。ゆえに効用主義的に一貫した行動をとっていなくとも、すぐさまその人が論理性を欠落した不合理な人物ということにはならない。

しかし、人は過度に支払ってでも、取り返せないサンクコストに引きずられがちであることには注意がやはり必要である。ケース4の場合、出かけない場合と出かける場合とを比較し、できるだけ損失を少なくしようと冷静に考えた上で出かけるならばともかく、考えなしにそうしてしまう人もいる。そのような考えなしの人は、ケース5での交通費が一万円かかる場合には会場には行かない一方、ケース4では交通費が五万円かかったとしても行くこともあるだろう。「せっかくチケット買ったんだから（すでに一万円払っているので）、さらに五万円払おうが、もはや後に引けない」という感情に流されてしまうわけだ。

そのように、サンクコストに引きずられがちな人は、過去に引きずられたその行ないを正当化してしまう。たとえば、「そもそもこのライブのチケットは一万円以上の価値がある。場合によっては五万円近い価値がつくこともあるだろう。財の価値ってのは絶対的ではなく相対的だからね。常にこのライブに五万円払いたいとは思わないけど、今回ならまあいいさ」とか、あるいは、「大雪のなかライブを見に行くこと自体、プレミアムな経験だからね！」というように。しかし、本当にそれを大事な理由と考えているのであれば、ケース5のような場合に交通費が五万円かかったとしてもそこへ出かけるべきとなる。そうしたときに「じゃあ、いいや……」となってしまうのであれば、その人はやはりサンクコストに引きずられがちな人といえる。

諦められない過去の努力

たとえば、もしあなたが年間七万円のスポーツクラブに今年一月に入会したとしよう。しかしあなたは腰に軽い痛みを感じて二月に病院に行くとヘルニアにかかっていた。運動を休んだ方がいいことはあなたも分かっている。医者からは「一年間休めば回復しますよ」ともいわれた。ただし、すでに支払った七万円という金額は大金なので（しかも返金不可能なので）、少しでも元を取りたいと思い、痛みに耐えながらジムに通い続けた。そしてその結果、一〇月に動けなくなったとすれば、その行為はサンクコストに引きずられた不合理な行動といえる。[*2] なぜならば、ヘルニア持ちとなったあなたにとって、すでに支払った「現金七万円」はお金として回収することもできないのはもちろんのこと、そこからいかなる効用も得ることはできないからだ。

ただし、ヘルニア持ちでもなんでもない人にとっては、先に七万円を払うこと自体は不合理でもなんでもなく、そこから回収できる利益というものが存在すると思ったからそうしたにすぎない。そして、運動が必要であるが、意志の弱く長続きしにくい人にとっては、先に現金七万円を支払う方がよいこともある。なぜなら、人は過去に支払ったコストが気になる生き物で、それが無駄にならないように少しでも元をとろうと、過去のその支払いに沿った行動をしてしまうからだ。だからこそ、「やばい！　今月一回も行ってないから、明日行かなきゃ」と頑張ってしまい、それが本人にとって良い効果をもたらすこともある。最初は「もったいないからなあ……」と考えて行っていただけだったのが、次第に楽しくなり、運動習慣が身に付くこともあるだろう。料金先払いには、自身の意志の弱さをこのように克服しようとするプリコミットメントの面もある。

しかし、「少しでも元をとろう」とか「ここまでやったんだから」という人間の想いは、ときにそれが無理なときにでもそれにその人をこだわらせ、ときにその人を泥沼の現在から抜け出せなくさせるような足かせとなる。ダメな恋人と苦労しながら長年付き合い続けているが、なかなか別れられないような優柔不断な人。これまでお金と労力を注ぎ込んできた（しかし今後うまくゆかないであろう）プロジェクトに固執し、周囲のアドバイスに耳を貸さなくなり破滅する経営者。小物を買い集め、部屋がゴチャゴチャになっているのに「捨てるのがもったいない」という理由でそれを片づけられず、親や恋人から注意されるなどして喧嘩が絶えない人。これまでとは別の路線に行けば前向きに、そして有意義に生きられるのにそれができない人たちは、「もはやあとには引けない」とか、「せっかくこれまで頑張ったのに」と言いがちであるが、しかし、本当にそこに留まり続け、こだわり続ける必要があるのだろうか。

こうした人たちは、過去に自分が注ぎ込み、もはや回収不可能なお金・時間・労力（総じてそれらはコストといえるもの）に引きずられる形で、今の自分の行動を決定されている。その人にとってみると、苦労した仕事ほど尊いし、取り返しがつかない形で失われたものほど意味がある。よく「流した汗は裏切らない」というが、この場合、「流した汗は尊くて裏切れない」というわけだ。私たちは、流した汗の意義を是非とも見つけ出すよう過去から命令を受けており、その命令はさらに汗をかき続けるよう命じがちである。気付いたときには脱水症状になっていて身体に異変が生じるように、過去からの命令に従うばかりでは人生にも狂いが生じてしまう。せめて途中で汗を拭いて水分を補給し、シャワーを浴びて冷静になるべきだ。

過去も未来も裏切らぬために

注意しなければならないのは、「尊いものは苦労したものである」が真ではあっても、「苦労したものはすべて尊い」とは限らないということである。これは、朝日が眩しくとも、眩しいものが朝日とは限らない、というのと同様である。苦労したもののなかには、実はあまり価値がないものや、当時は価値があったにせよあまりそれにこだわるべきではないものもたくさんある。大事なのは、人生は長さをもったものであり、途中でポリシーが変わることもあるので、それに応じて軌道修正をした方がよい、という点にある。たしかに、過去の自分を裏切ったり、昔の決意をなかったことにするのはよろしくない。しかし、過去の時点の自分（t_0）がいたとして、「未来の私（現在の自分（t_1））は、たとえどんなに不幸になろうとも、今の私（過去の自分（t_0））の方針を決して変えようとせず、どうかそのままでいてほしい」と望んでいたであろうか。そんなことはないであろう。すると、「過去を裏切るな！」という呪いは、過去のあなたがかけた呪いなどではなく、過去に支払ったコストが今の（t_1の）あなたからして大きなものであったからこそそのように聞こえてしまう「現在の呪い」なのだ。経験した「悔しさ」や「回復できない痛み」こそが、あたかも過去が命令しているかのように今のあなたに「過去を裏切るな」と呪いの言葉を囁いているのだ。過去のあなたは、未来の自分が幸せになったり成長することを望んではいなかったのだろうか？　もし望んでいたとするならば、サンクコストに引きずられた今現在の行為こそが、過去の自分自身への裏切りかもしれない、と立ち止まって考えてみるべきではないだろうか。過去はすでに存在しない。ゆえに、未来で幸せになることを望んでいた「過去の自分」はもはや存在しない。しかし、存在しないからといって、「成長し、変わりながら、幸せになってゆきたい」と願った過去の存在者の意志を無視すべきではないだろう。今はなきその過去の存在者があなた以外の誰かであり、その人が「どうか成長しつつ幸せになって」とあなたに対して願っていたのであればやはり同様にそうである。たとえ今そうした存在者たちが過ぎ去っていなくなっていようとも、今のあなたが成長し幸せになってほしいという願い、その意志が存在していたというのであれば、それは無視すべきではない。「過去を裏切らない」とはそういうことである。

　そして、これは「未来の誰か」のために、今のあなたは必要なことをきちんとなすべき義務をもっていることをも意味する。今のあなたは未来の時点においては存在しない。しかし、未来のあなたが今のあなたの意志に沿って幸せになろうとしていると予測できるのであれば、今のあなたが果たすべき義務は、未来のあなたに損害を与えないような生き方をすることである。それは、未来のあなた以外の人に対してもそのような義務を果たすよう倫理的に要請されていることとやはり同様のことである。なんせ、今のあなたに幸せになってほしいと願っていたのは、今は存在しない過去の「誰か」でありその意志に沿うことは合理的であるのだから、いまだ存在しない未来の誰かのために――それがあなたであろうが他人であろうが――今のあなたがやるべきことをやることこそが、時間を通じた合理的行為者としての義務ではないだろうか。結局のところ「合理的な意志」とは、熟慮のもとで反省しながら生きること、そして未来の「誰か」をできる限り幸福にしようとする方向性をもつものであろう[*3]。一生懸命生きる人生が幸福であるというのなら、過去も未来も裏切ることなく、時間軸上の「誰か」ができるだけ多くできるだけ幸福になれるよう、今のあなたがなすべきことをきちんと行なうこともまた「幸福な人生」の一部なのである。そしてそれは合理的に生きることでしか実現できない。ここから、「合理的に生きる」とは、或る意味では「幸せを目指しつつ倫理的に生きる」ということであるといえよう。もっとも、それをきちんと実行することはとても難しいのではあるが。

＊1　なぜ一万円＋αかといえば、購買者であるあなたは、ライブ＞1万円、という選好基準のもとでチケットを購入しているので、ライブに行くこと自体にプラスアルファが付随する、ということである。

＊2　もちろん、不確実な状況における楽観視（「まあ、ジムに通っても大丈夫だろう」という信念）が生じていたとすれば、そのような認識のもとでは本人は不合理な行動をしていたつもりはないかもしれない。しかし、もし数か月後に後悔するとすれば、そのような（冷静に考えれば度を超えた）楽観視というものがサンクコストによって引き起こされた可能性は否定できないだろう。

＊3　これは人格同一性というものを否定しつつ、合理性に沿った行為が帰結主義に帰着することを示そうとしたパーフィットの主張でもある（Parfit［1984］）。もちろんこれが成り立つためには、合理主義＝功利主義という前提のもと、過去・現在・未来において自分および他者が無差別的な形で尊重されねばならないわけで、そもそもその前提を認めない人や、利己主義ならぬ利今主義――「今したいことだけすればいいじゃねえか！」といって過去や未来に対する配慮を合理的と思わない考え方――からすると、こうしたパーフィット的考え方には説得力がない。しかし、過去の自分から今の私のために配慮してもらったのであれば、（やり方はともかく）その意志を尊重することは「私」の幸福につながると信じているし、今の私が引き継いだ幸福への意志を未来へ向けて発信・実現しようとするとき、そこには未来の自分への配慮はもちろんのこと、未来の誰かへの配慮も含まれる余地がある。もちろんこれは論理的にそうであるようなものではなく、「受けた恩は本人に返せずとも別の誰かに返すことで世界全体を少しでもプラスにしたい」という未来志向的ポリシーゆえにそうであるにすぎないが、これが一般化されうるという望みにかける倫理的スタンスは魅力あるものである。

07

未来への怖れ
――なぜ変わることができないのか？

「何かから逃げること」と「何かを求めること」

人は臆病なものである。失敗はしたくない。でも未来は不確実で分からないので、何かをすれば失敗するかもしれないし、しなくても失敗するかもしれない。不安は常につきまとう。それゆえ、現状で立ち止まる人もいれば、思い切って飛び出す人もいる。よく、「やらずに後悔するより、やって後悔した方がよい」という人がいて、そういう人からすれば、現状を変えない人よりも、思い切って飛び出した人が評価に値するらしい。「変わらないやつは臆病で逃げているが、変わろうとしたやつは勇敢だ」という感じだろうか。しかし、変わろうとした人だって逃げていることもあるのではないだろうか。留まることへの不安から、その場で踏みとどまって頑張ることを放棄しているのではないだろうか。新たな扉を開けるのを拒絶するのが「逃げ」であるとしても、何かから脱出しようとするその試みも「逃げ」かもしれない。
いや、これは詭弁かもしれない。だいたいこんな言い方をしてしまえば、選択的決断のすべてが「逃げ」となってしまう。「逃げ」とそうでないものとの区別が原理的に不可能であるとすれば、或る行為を指して「それは逃げだ！」ということに大した意味はない。そのような「逃げ」の解釈に意味を見出せるのは、それを指して「逃げ」というレッテルを貼ろうとするレトリックを用いる側でしかなく、世界の側（この場合、実際のその行為）においてそれがどのような意味をもつものであるのかを示すものではない。つまり、そのレトリックのもとではあらゆる行為はすべて「逃げ」とレッテルを貼られているだけであって、その行為が実際にどのようなものでありどのようなものではないのかをそのレトリックは識別するものではない。「その行為はこのような性質のものである！」という言明の有意味性は、それが真か偽かを区別できることに担保されるのであって、すべての行為を「逃げ」と一括りするレトリックは何を語っているわけでもないので、はっきりいって無意味というわけだ。もちろん、これは利己的快楽説にもあてはまるわけで、「あなたの選択は（それが他人のためであったとしても）結局のところ自分の快楽のためでしょ？　だって、そうしたくてしたんだから」という主張も、単にその人自身の「他人を利己的人物とレッテル貼りしたい」という願望とそのレトリックを反映しているにすぎず、世界における事実の説明としては不十分であるし、その人以外にとってその論法は大した意味はない、ということになる。[*1]
ハナシを元に戻せば、大事なことは、「何かから逃げること」と「何かを求めること」は概念上区別できる、という点である。「どちらも本人が選んでいるんだから同じだろ」という人はこれらを混同している。「A地点を離れること」と「B地点に行こうとすること」は同じではない。A地点を離れたからといってB地点に行こうとしているとは限らないのだ。目指すべき他の場所もなくA地点から離れようとする人は「逃げ」なのかもしれないが、B地点に行こうとしてA地点から離れた人は別に逃げたわけではない。積極的に何かを求めるということそれ自体には意義があり、だからこそ、新たなトライを応援するかのような、「やらずに後悔するより、やって後悔した方がよい」という格言はありがたいものなのである。

人は根っこのところでは保守的である

そこで改めて選択やトライの意味を探りたいが、その前に、私たちの臆病さと後悔の傾向性について考えてみよう。人は後悔する生き物だが、その「後悔の傾向性」はどうなっているのだろうか。してしまったことを悔やみがちなのか、それとも前述の格言が示唆するように、しなかったことを悔やんでしまいがちなのか。遠い過去を振り返るとき、「留学しとけばよかった」とか「告白しとけばよかった」というように、私たちは積極性のなさ、トライの欠如を悔やみがちである。しかし、近い過去についてはどうだろうか。下記のケースで、どちらが後悔してしまうかを想像してもらいたい。

【ケース6】[*2]
昨日X株を買えば一五〇万円得していたのに、買わなかったので一五〇万円得するチャンスを逃した。

【ケース7】
昨日もっていたX株を売った直後株価が値上がりした。売らずにもっておいて値上がりしてから売ることで一五〇万円得られるチャンスを逃した。

おそらく、ケース7の方が「やってしまった！」と後悔する人が多いのではないだろうか。現状維持に留まればうまくいくはずだったのに、余計なことをしてしまった、という事態を人は恐れるし、実際そうしてしまうと、とても後悔する。それが「昨日」のように近い過去ならなおさらである。「あわてていなければ……どうして急いでしまったんだ！」と悔やむとき、「急いてはことを仕損じる」という格言が頭に浮かぶ。急いだあまり失敗することは誰にだってある。「他のライバルに取られる前に好きな子に告白したけどフラれてしまったし、その噂も広がったし、あんなことしなきゃよかった」とか「転職したけど、仕事が忙しくなりかえって収入が落ちたし、いやな上司はさらに増えた。前の職場でよかった」と後悔するとき、もう少し現状の良さを確認しておくべきであったかのような、熟慮の余地がそこにあったような気がする。

ゆえに、私たちは基本的には「熟慮」を大事にし、保守的な傾向をもっているといえる。前章では過去に支払ったコストが現在を引きずるケースを挙げたが、現在において過去を無駄にしたくない、という想いもあるし、なにより、それまでのポリシーが間違いかどうか分からないとき、そのポリシーから積極的に逸脱する理由というものが現在のその人には見当たらないのだ。もちろん、現状路線から逸脱し新たにトライすることで、素晴らしい未来が開けることも可能性としてはある。しかし、その可能性がその人を動機付けるには、かなり確実にそれが実現できそうでなければならないか、あるいは、その人がその可能性に熱狂していて、そのために自分の人生を投げうってもよいと考えていなければ無理であろう。もしそのように熱狂していれば、それがどんなに細い糸でもその人をチャレンジへと動機付けるだろう。みんながメジャーリーガーや宇宙飛行士にはなれないが、それにすべてを捧げようと熱に浮かされているとき、その熱狂こそがその人にとっての動機となり、夢を実現する方向へとその人を突き動かす（そして実際に夢を実現させてしまう）。しかし、そのような熱狂状態にない人であれば、確実性がないときは保守的になってしまいがちなのである。

怠惰がもたらす人生の後悔——現状維持バイアスの罠

ただし、かなり時間が経過してから振り返ってみると、現状維持的だった人でさえも「もっとこうしておけば良かった」と後悔しがちとなる。そのままであったことよりも、別のより良い可能性があったこと、そしてそれを選ばなかった積極性のなさに嘆くのだ。これは、「英会話教室に行っておけばよかった」とか「留学しとけばよかった」などと愚痴をいう人に多い。機会費用の考え方でいけば、或る時点において現状維持のまま過ごすことは、新たにトライして得られるものを犠牲にし続けているわけで、長いスパンでいえば、その失った機会費用が積み重なり、トライしていたのであれば英語がしゃべれたであろう自分になれなかったことなどを後悔する。一般的にそれは「怠惰」と呼ばれるものから生じる後悔といえよう。

具体的にはテレビがいい例である。テレビを見る人は、見ることによって得られる満足度が見ない場合よりも高いのだから、いずれにせよテレビをずっと見ている人も、あまりテレビを見ない人も、どちらも大して満足度は変わらないはずであるが、幸福に関する調査をとってみると、前者が感じる幸福度（とりわけ二時間半以上テレビに釘付けになっている人）は後者に比べ著しく低いという結果もある（Frey et al.［2007］）。テレビは簡単に娯楽を提供し、ソファに寝そべっている私たちに楽しみを与えてくれるものではあるが、自分を成長させてくれるわけではないし、テレビ鑑賞のために時間を使い続けることは、自身や周囲を良くするようなチャンス（教養を身につけたり、トレーニングをしたり、近所の人と社交したり）を無駄にすることを意味する。ツイッター中毒なども同様であろう。「今日一日」や「この一週間」くらいでは、その損失は明らかになりはしないが、そんな時間を繰り返してゆくと、一年や一〇年という長い時間が経ったときに表面化して後悔することになる。[*3] そして過去から目をそらし、「これから頑張ればいいや」と思い、そしてまた同じことを繰り返すというわけだ。しかし、それまでのそのような生き方を問われるとやはり「後悔している……」とうなだれてしまう。なんせ、ダラダラ楽しんでばかりいて、自分から積極的に何かをしたわけではないのだから。

しかし、そのように後悔をしている人であっても、「では、今からやれば？」と問われると、「よし！　今からやるぞ！」というふうになかなかならないのはどうしてだろうか。そこでは後悔しながらも自己変革へと踏み出せない意志の弱さと、その弱い自分を弁護したがる自己正当化がその足を引っ張っている。たとえば、今までダラダラしていたのを後悔している人に、英会話などを勧めても、「今更やってもお金がもったいない」とか、「今は仕事が忙しいから」といって、現状維持のスタンスを正当化しようとする人も少なくない。後悔の痛みから目を背けようとする人は、今英語がしゃべれない自分を正当化するために、「仮に英会話を学ぶために留学したりしていれば、今の楽しい仲間たちとも知り合えなかったし、素敵な思い出もなかっただろうから、無理にトライしなくてもよかったのかな」と思い込もうとする。そして、未来もきっとそうだから、今のままでいいんだ、というように現状維持に価値があると信じ込み、現状維持から得られるであろうメリットを過大評価したり、あるいはそのコストを過小評価する。これを**現状維持バイアス**という。もちろん、このバイアスにとらわれたままで人生後半に差し掛かり振り返ってみると、とんでもない後悔に見舞われることになる。

一生懸命に生きるということ

後悔回避の傾向において、現状維持を望んだり保守的であること自体は別に不合理ではない。やらなくてよいことをあえてやってしまうリスクを取る必要もないからだ。それに努力の分だけ報われるとも限らないので、苦労もできればしたくない気持ちも分かる。英会話などを勉強するのに時間とお金と労力を使っても、ペラペラしゃべれるようになれる保証がないとすれば、「しないほうがまし」と思うのも当然だろう。ただしそれがまっとうであるのは、英会話レッスンへと使用できるはずであった時間・お金・労力を使うことで、別のより良い状態を実現できている場合である。そうでなければ、望み通りにうまくいかないにせよ、努力しておけばよかった、ということはいくらでもあるのだ。甲子園に出られないからといって、「野球なんかしなきゃよかった……」となるかといえばそんなことはない。ひたむきに努力するなか、集団行動の意味や、仲間との絆、スポーツすることの楽しさ、身体能力の向上など、いろいろ手に入れられるものはあるだろう。勉強だって同じことだ。大学受験において名門を目指したが挫折して、望み通りの大学に行けないこともあるだろう。しかし、仕方なく入学した大学での講義やゼミのなか、魅力的な先生からいろいろと学び、それを活かした人生を送ることができるかもしれないし、そうした可能性は、かつて名門を目指して頑張ったからこそその人に与えられているといってよい。努力したって後悔からは逃げられないかもしれないが、「良かった！」という幸運は、努力しなければ降ってこないことが多いのだ（その努力が望み通りの成果を出すにせよ出さないにせよ）。

他方、「楽しいことを続ける方が、無理して頑張って苦しい思いをするよりも合理的だよね！」と考え、快楽やその場限りの満足だけを得ようとする姿勢では、長期的に自己成長の可能性をつぶし、さらには現状維持バイアスにとらわれる形で「怠惰」を続けてゆくことになる。経験のなか得られた技能や教養は積み重なってゆくが、その場限りの「快」は淡雪のように消えてゆき、何も残ることはない。[*4] 機会費用の考え方でいえば、膨大なコストを費やしながら何も残さないという選択を行なっているわけで、かなり時間が経って過去を振り返ったとき（つまり人生の中盤〜後半になったとき）、その損失はすさまじいものとなり、直視しがたい後悔に包まれるであろう。なんせ、振り返ってみると、自分は何一つ成長しておらず、何も手に入れたわけでもなく、そこには一生懸命生きたストーリー性が欠落しているからだ。そのすさまじい後悔の痛みから逃れるため、過去の怠惰を「環境のせい」「他人のせい」という感じで正当化し、残りの人生を自己弁護と他者批判しながら過ごすとすれば、結局その人の人生はなんだったのであろうか？ ソーマ[*5]で痛みを和らげ自分を誤魔化したとしても、その人は決して幸福になれはしない。痛みを和らげようとするその行ないが、ますます自分の人生を怠惰なものにしてゆくであろう。人が生きるというのは、快楽をたくさん受け取ることではない。みんなが快楽をたくさん受け取るような社会こそが良い社会であるというのであれば、その「みんな」に含まれるあなたは、他の人と同じような没個性的存在であっても別に構わないのであるが、しかし、そうではないだろう。人は良い社会でただ呼吸をしていたいわけではなく、良い社会にてまさにこの自分の生を自身の決断によってまっとうしたいのだ。どうすればいいか、その答えを社会は与えてはくれない。しかし、自己弁護や他者批判のなかにもそれは見つからない。もしそれがあるとすれば、一生懸命真摯に、そして反省し続けながら生きることのうちにしかそれを見出すことはできないだろう。

＊1　その言葉遣いをしているその人にとっては「あらゆる行為者をそのように語れる」というだけのハナシでしかない。

＊2　これは、モッテルリーニ（2008）一一二‐一一三頁の「後悔回避」の例。

＊3　これはもちろんパソコンやスマホでも同じである。今日のネット環境では広く世界中の誰ともつながれるし、いろんなニュースを見ることもできる。ときに悩み相談などをして友人っぽい人も作れるかもしれない。しかし、リアルでの交友範囲は狭くなるし、ブログやツイッターなどのインターネットを介して作ったコミュニティは断片的なものであって長期的には次第に拡散してゆく傾向にある。こうした交友関係は、土着的なものとは異なり、容易に取り替えがきくのでそれはメリットでもあるのだが、少しでもうまくいかなければ「もういいや」と見切りをつけ、新たなコミュニティを作り簡単にやり直そうとするインセンティヴともなる。だからこそ、衝突や対話、譲歩や理解などを通じて長期的に形成される友情はなかなか形成されにくく、知り合いはたくさんいても友達と呼べるものはなかなかつくれない。ゆえに、つながっているのに孤独感がぬぐえないということもある（**Franzen** [2000]）。

＊4　気を付けなければならないのは、これは不毛で実りのない「形だけの努力」をしている人にも同様にあてはまる。限られた時間・エネルギーを無思慮のもと使い続けると、表向きは充実しているように見えても、それをしなければ実現できたであろう業績を逃しているのであって、やはり自分が今何をしており、それが本当に自分のなすべきことであるのかは随時確認した方がよいだろう。

＊5　「ソーマ」とはもとはインドの神話に出てくる植物から作られた神酒。A・ハクスリーの『すばらしい新世界』では多幸作用、麻酔作用があり副作用がなく誰でもいつでも服用可能な薬剤として描かれている。

08

「チャレンジ」という逃げ

――「痛み」への怖れ

人はどういうときにチャレンジを志向するのか

「変わらないのは良くない」「成長しようとしないでなんのための人生だ！」とお説教したがる人たちはどこにでもいる（特に飲み屋には）。たしかに、変わることでその人の人生がいくぶんプラスになるならそうした方が良いが、変わるためのコストをかけすぎたり、「変わる」「成長する」というお題目のためにその人のアイデンティティやそれに基づいたポリシーを捨てなければならないとき、本当にその人は変化すべきなのであろうか。なかには「チャレンジした結果、失敗したって別にいいじゃん！　人生はそうでなくっちゃ！」とか「俺もチャレンジして失敗したけど楽しかったよ！　臆病な人生なんてつまんないよ！」といって周囲にそのポリシーを押し付けてくる人もいるが、そのように変化や成長、もっと極端にいえば「チャレンジ」そのものを過大評価する人たちは、「変わらないこと」を過大評価する人たち同様、なんらかのバイアスにとらわれているのではないだろうか。

これまでは、人間の保守的傾向性を挙げ、それが現状維持バイアスのもとで強化されかねないことを述べてきたが、では人間はそもそも保守的な生き物であって、チャレンジしようとする人は突然変異的な革新的人物ということなのだろうか。いや、そうではない。人間は或る状況であれば保守的になるが、別の状況ではチャレンジ志向的になるのだ。そしてチャレンジ志向的になった人もまた現状維持バイアスや自己愛から「チャレンジ志向的する人間（すなわち自分自身）は素晴らしい」と思い込みたがる。このことを理解せずして、「チャレンジ」の本当の意義を理解することはできないだろう。

「賭け」への抵抗感が薄れるとき――損失回避の可能性という誘惑

とりあえず、以下のケースをそれぞれ考えてもらいたい。[*1]

【ケース8】

あなたは被験者として一〇万円渡されました。その後、こんな話を持ち掛けられます。「二分の一の確率でさらに一五万円もらえる賭けと、確実に五万円もらえるチャンスが用意されています」と。

A：確実に五万円もらう（トータルで一五万円もらうことになる）

B：賭けを行なう（そこからの期待値は、[*2] 1/2×10万円＋1/2×20万円＝15万円）

【ケース9】

あなたは被験者として二〇万円渡されました。その後、こんな話を持ち掛けられます。「二分の一の確率で一〇万円失う賭けをするか、確実に五万円失うことの、どちらかを選んでください」と。

A：確実に五万円を失う（トータルでの残金は一五万円になる）

B：賭けを行なう（そこからの期待値は、1/2×10万円＋1/2×20万円＝15万円）

さて、ケース8とケース9では、人はどんな選択をするであろうか？　ケース8の場合、多くの人が確実に五万円をもらおうとAを選ぶ傾向にある。期待値でいえば変わらないが、リスクを取りたくない人にとってこれは何も不合理なことではない。

そもそも、期待値E(X)と、個人の主観的選好を示す期待効用U(x)というものは概念上異なるものである。たとえば、よく知られた例として「サンクトペテルブルクのパラドックス」というものがある。コイントスで、表ならばお金をもらってそこで終了。裏ならそのときはお金をもらうことなく次の回へ進むが、この賭けの報酬は一回目に表が出れば2円、二回目ならば4円、三回目ならば8円……n回目なら2^n円となってゆく。この賭けに参加するなら参加料としていくらまではらってよいかと問われたとして、期待値で計算してみよう。その期待値E(X)は$1/2\times2+(1/2)^2\times2^2+(1/2)^3\times2^3+\cdots(1/2)^n\times2^n=1+1+1+1+\cdots=\infty$（無限大）となる（$\sum_{n=1}^{\infty}(1/2)^n\times2^n$）。つまり、いくら支払ってでも期待値的には構わないとなるが、普通はそんなことはないであろう。私なら、参加料として一万円支払うことすら拒絶する（一万円以上もらえるには、最低でも一三回以上連続で裏を出し続けなければならない）。そこで、こうしたギャンブルにそんな多くの参加料を払いたくない人の効用関数

U(x)として、たとえば自然対数 $\log_2(x)$を置くとしよう。

サンクトペテルブルグのパラドックスにおける期待効用を用いた説明：

$U(x)=\sum_{n=1}^{\infty}\log\{(1/2)^n\times2^n\}=\log_2 1/2\times2+\log_2(1/2)^2\times2^2+\log_2(1/2)^3\times2^3+\cdots$ ——①

①を変形すると

$=\sum_{n=1}^{\infty}(1/2)^n\log_2(2)^n=\sum_{k=1}^{\infty}n(1/2)^n\log_2 2$ ——②となり、それを展開すると

$=1\times(1/2)+2\times(1/2)^2+3\times(1/2)^3+4\times(1/2)^4+\cdots$ ——③

ここでU(x)−1/2U(x)を求めると下記のようになる。

$U(x)=1/2\times1+(1/2)^2\times2+(1/2)^3\times3+(1/2)^4\times4+\cdots$ ——③

$1/2U(x)=\quad(1/2)^2\times1+(1/2)^3\times2+(1/2)^4\times3+\cdots$ ——④

③と④から　$U(x)-1/2U(x)=1/2+(1/2)^2+(1/2)^3+(1/2)^4\cdots=1$[*3]

$1/2U(x)=1$より、$U(x)=2$

つまり、このギャンブルの期待効用は2円ということになる。もしギャンブルをする人が大金持ちどころか余分なお金が一切なく（つまり余剰金ゼロ円）、この期待効用2円のギャンブルをするためにx円をどこからか借金するなどしてもうけようという場合、この人はこのギャンブルにいくらまでなら使えるだろうか？　このような人が上記ギャンブルに臨む場合の期待効用は、U(0円+x円)=U(1/2×1円+$(1/2)^2$×2円+$(1/2)^3$×3円…)=2円となる。$U(x)=\log_2(x)=2$から、xは4。すなわち、その四円までならこのギャンブルにつぎ込んでも期待効用的には不合理ということにはならないが、それ以上支払うことはリスクが大きいのですべきではないということになる[*4]（このとき、この人に

とってその四円はこのギャンブルの確実性等価ともいう）。

さて、このように、期待値と期待効用が異なること、そして人が不確実性のもとで何か行なおうとするとき、前者だけでなく後者に基づいて選択するからこそ、ケース8のようなときにはリスク回避的に振る舞うことが知られている。定義上、「**リスク回避的**（risk averse）」とは、賭けの期待値と確実性等価の差である**リスク・プレミアム**（risk premium）の値が正をとる場合とされる。たとえば、ケース8の賭けを持ち掛けられた人において、U(10万円＋α)＝1/2×U(10万円＋0円)－1/2×U(20万円＋0円）が成立するようなαがあるとして、そのαはその人にとって賭けに支払ってもよいと思えるような確実性等価といえる。つまり、このαをもらえるなら賭けをしなくよいし、そこまでもらえないのであれば賭けをした方がよい、というわけだ。リスク回避的な人はこのαの値が小さく、このときリスク・プレミアム「五万円（一〇万円もっている状態から参加する場合の賭けの期待値）－α」は正の値をとる。リスク回避的な人にとっては、確実に得られる利益が五万円以下であっても、賭けをしようという理由がないわけだ。こうした人は確実に二万円もらえるだけでも満足して、儲けがゼロになるかもしれないギャンブルには手を出さないだろう。逆に、リスク愛好的な人は、確実に六万円もらえるとしても、もしかすると一〇万円手に入れられるかもしれないという理由からギャンブルに手を出すこともあるだろう（このとき、リスク・プレミアムは負の値となる）。

しかし、ケース8においてリスク回避的な人であっても、ケース9においてはリスク愛好的であることもある。行なわれたアンケートでは、七割近くの人がケース9においてはBを選び、そのような損失局面においてはリスク愛好的な振る舞いを見せた。要は、できるだけ獲得できるはずのお金を減らさないようにしようとしている、ということである。もちろん、個人によってはどちらのケースでも一貫してAもしくはBを選好する者もいるだろう。常にリスク愛好的な人であれば、たいがいのギャンブルに飛びつくものであるし、私たちはそうした人を「まともではない」と考えがちである。しかし、そうした私たちであっても、ケース9のような場合では、少しでも獲得できそうなお金を減らしたくないために「賭け」への抵抗感が薄れ、リスク愛好的にギャンブルをしてしまう。そこから減らされるであろうことがほぼ確実な金額が大きければ大きいほど、人は「賭け」にすがりつきやすくなるだろう。たとえば、あなたが最初に美味しいエサをぶら下げられてそれにガッツリと前のめりになったあと、そのあとに「ところで、その代償として五〇〇万円を支払ってもらうことになりますが、もしそれが嫌なら……」とばかりに、さらなる投資話を持ち掛けられたとすればどうであろうか。「うーん、ここから五〇〇万円失うのは嫌だし、もしかしたら失わないで済むかもしれないから、いっちょ賭けてみるか!」といって、そこから一〇〇〇万円失うかもしれないギャンブルをする人もいるのではないだろうか。

損失回避のためのチャレンジが傷を広げる

ノーベル経済学賞を受賞したカーネマンとその共同研究者トベルスキーによって展開されたプロスペクト理論[*5]では、従来のミクロ経済学者が想定している合理的経済人モデルのそれとは異なり、現実の人びとの選好は非線形で、財の価値に関し、絶対的基準よりも、選択評価を行なう或る地点(参照点)から見た相対的基準にその選好は従っている、とされる。この理論を構成する**損失回避**(loss aversion)という考え方では、参照点を原点としそこに依存した価値関数において、或る価値をもった財を得る場合の効用と、同じ価値をもった財を失う場合の不効用はプラスマイナスゼロではなく、マイナスが大きいという特徴をもつ。たとえば、効用としては五〇〇万円を得ることと五〇〇万円を失うことはその絶対値は等しいはずなのだが、後者の場合には失う痛みが大きく、ときに人はリスクを冒してでもその痛みから逃れようとするのだ。やや大雑把にいえば、「人は失う痛みには敏感」ということである。

とりわけ、人間は本来手に入れられていたはずである（と期待している）何かを失いそうになるとき、リスク愛好的に一か八かに賭けやすい。逆に、確実に期待どおりの利益が手に入りそうなとき、もう一つの魅力的な選択肢があったとしてもそれに偶然的な不安要素があれば、最低でもいくらもらえるかを慎重に考慮しながら保守的に選択・決断する。その場合、最低限の利益ができるだけ最高なものを選ぶことになり（ケース8のギャンブルの確実性等価）、多くの人がそうしたマキシミンルール（maximin rule）に沿ってリスク回避的な選択をする、というわけである。[*6]

すると、チャレンジというものが利得の面では必ずしも合理的とは限らないことが分かるだろう。確固たるポリシーをもっており、獲得局面においては冷静に計算しているようなリスク回避的な人物であっても、損失局面においては痛みから逃れるためにリスクを冒すことだってある。やっかいなのは、この損失回避の傾向においては、明らかに分が悪い賭けであり成功の見込みが薄いときですら、失いたくない思いからその蜘蛛の糸にすがってしまう点にある。だからこそ、ちょっと儲けたあとでそこでやめとけばいいのに、損しそうな分の悪い儲け話に乗ってしまうこともある。ギャンブルで調子よくしばらく稼いでいて「この調子でいけば、もう少し稼げそうだな」と期待していたときに負けてしまい、そこに「どう？　もう一度やってみない？」と賭けを持ち掛けられると、あなたはその誘惑に心が揺り動かされないだろうか。もしかすると「このままここでやめれば、これまでの勝ち分からさっきの負け分が財布から出ていってしまうなあ……でも、もう一度チャレンジしてみれば、きっと取り戻せるさ！」といって誘いに乗ったはいいが、また負けてしまい、そこからズブズブと泥沼にハマってしまうかもしれない。玄人が素人をカモるときどうするかといえば、最初はわざと素人に勝たせてあげて、「もう少し稼げるな！　ふふん！」と前のめりになったところで、少し負かす（まるで運が悪かったかのように見せかけて）。そこから、「いやいや、いまのはたまたまだから取り返せるチャンスなんていくらでもあるよ」と励ましたり、「ビッグチャーンス！　レートを三倍にすれば、今の負けを取り返すどころかもっと稼げるよ！」とさらにリスキーな賭けを持ち掛けたりする。そして素人から根こそぎ奪ってしまうのだ。

しかし、これは博打だけでなく、普段の仕事などでもありえるハナシである。昔は業績が良く盛り上がっていたが、最近業績が悪化しつつある企業であれば、すでに回収がほぼ不可能なサンクコストの一億円を回収するために、さらに二〇〇〇万円を投資して傷を広げてしまうことだってある。「被らねばならない損失を取り返せるかも……」というとき、人は喪失の痛みから救済してくれそうな「幸運」についつい期待してしまうのだ。

しかし、そうした傾向は、最終的にこれまでの痛みを和らげてくれるような宝くじ当選券が天から降ってくれるのをジリ貧で待ち続けるようなものである。もちろん、そんな宝くじはなかなか降ってこない（少なくとも彼らが生きている間には）。もしかすると運良く取り返せたり巻き戻せることはあるだろうが、多くの場合、「チャレンジ」というポジティヴなお題目のもと、じわじわ傷を広げてゆく。このような損失回避的逃避行動を無自覚のまま繰り返すと、機会費用的にもあまり良い結果を生まず、かえって自分の境遇を悪くし続けることもある。しかしそんな失敗をネガティヴではなくポジティヴに捉えようとすると、「自分は他の人と違って度胸がある」とか「状況に流されないで決断をしている」などと自分に言い聞かせ、そして傷口を広げてゆくのだ。もちろん、そこには思いがけない利益もあるだろうし、もしかしたら、そうしたギャンブラー的振る舞いのもと、自覚的かつ合理的に「人生を楽しもう」という選好をもっているのかもしれない。ただし、時間を通じてそうした選好やそれを支える価値観が変化することは往々にしてあることだし、[*7] なにより、「自分はきちんと分かった上でギャンブルをやっているんだ！」というその自覚の仕方はギャンブルの熱に浮かされているだけだったり、何かを失う自分に酔っているだけなのかもしれない。

人が状況認識に左右されて一貫性のない行動や、とんでもなくリスク追求的になってしまうことは**フレーミング効果**からも説明ができる。フレーミング効果とは、意思決定の際、情報の意味内容が同じであっても、問題認識の心理的枠組み（フレーム）によってその結果が影響を受ける現象である。以下のようなケースを考えてほしい。

【ケース10】

「地震がきた。ここに留まれば四〇％で死亡するぞ！」と放送があった。

【ケース11】

「地震がきた。ここに留まれば六〇％で生存できるぞ！」と放送があった。

両者は情報的には同じことを意味しているのだが、ケース10の死亡フレームでこの状況を認識すると「逃げ出さなきゃ！」と思って慌てて飛び出してしまうかもしれない。人は損失を怖れるので「危険だ！」とか「死ぬぞ！」という表現に敏感であり、その結果、確率論を無視してしまい被害にあってしまうというわけだ。つまり、ケース10のようなフレームのもと「グズグズするな！　臆病になるな！」といって飛び出した方がひどい目にあう確率は高いわけである。これは地震のケースだけでなく、勉強に行き詰まり気味な学生、今苦しい思いをしている新入社員や職人見習い、経営が思うようにいかない企業経営者やCEOなどにも該当する。「苦しい現状を維持＝人生ジリ貧」という損失フレームのもとで日々を生きている人にとってはチャレンジこそが合理的行動であり正解であるように見えがちであるが、本当にそうであるかはきちんと問うべきであろう。「同じ仕事を続けてもどうせ行く末は似たような（パッとしない）ものだから、もっと可能性に賭けてみようよ！」と転職を勧める人や、「老後の生活は貧しくなるに決まっていますので今から投資しましょうよ」と投資活動を勧める勧誘者たちは損失フレームを振りかざしながら「変わらなきゃ！」の大合唱をするが、コツコツやりながら人生成功している人もいることを忘れてはならない。「変われる強さ」もあれば「変わらないままでいる強さ」もある。同じ仕事を四〇年以上もやっている職人気質の人は、一つのことだけしかできないかもしれないが、その一つについてはスペシャリストであり、それはその人の強さを体現した人生そのものかもしれない。「強さ」とはなんであるか、そして目の前にあるチャレンジが魅力的であるのは、己の「強さ」からそう見えるのか、それとも「弱さ」からそうであるのか、一旦冷静になって考える必要がある。

自分のチャレンジの意味を自覚して決断を

もちろん、チャレンジや新たなトライに意味がないというわけではない。たしかにチャレンジしなければ達成できない夢はある。分が悪くてもトライして幸福になる人もいるし、うまくゆかなくともそこから何か学べることもあるだろう。しかし、すでにチャレンジした人たちに見受けられがちな傾向として、それが成功であれ失敗であれ、チャレンジそのものに過大評価を与えがちであることには注意を要する。チャレンジして成功した人は、自身の幸運や助けてくれた人たちの努力を過小評価する一方、自己の能力を過大評価する形で「人生は挑戦だよ！　俺の言うとおりにすればきっとうまくいくって！」とアドバイスしたがるし（いわゆる**自己中心性バイアス**）、チャレンジに失敗した人でさえも「俺は失敗したけど人生楽しんでいるからさ！　臆病なまま失敗もしない人生なんて何が楽しいの？」と自分の勇敢さをアピールしたがる（いわゆる防衛機制の「合理化」ともいえる）。これらは臆病な人が現状維持を正当化するのと同様のバイアスであり、これからチャレンジしようかどうか迷っている人に対するアドバイスのように見せかけた、話し手自身の自己正当化なのかもしれない。

もしあなたの目の前に新たな可能性への挑戦の機会があり、しかしリスクもあるので迷っているとして、そこからのチャレンジに意味があるとすれば、そのチャレンジが逃避行動でなく、あなた自身がそれに人生を賭けてよいかどうかが重要となってくる。それはすなわち、そのチャレンジがあなた自身の人生において意義あるストーリーを作ってゆけるかどうかであり、それは他人よりもあなた自身の方が本当は分かっていることなのかもしれない。他人があなたにアドバイスできるのはあくまで方法論や周辺情報についてであって、それにトライする価値があるかどうか、そしてあなたか人生を通じてどんなあなたであるかは、あなた自身の決断に委ねられているのだ。

実存主義を提唱するサルトルは『実存主義とはなにか』において、「実存とは本質に先立つ」という言葉をもって今現実を生きる人間の在り方というものを説明する。サルトルによれば、人間における「人間性」などは後付けのものにすぎず、そこにあるものはまずあなた自身の**実存**（現実存在）であると主張した。神に創造された人間ならば、創造者としての神が人間に埋め込んだ人間の本質というものが存在するであろうが――たとえば、人間が机を作るとき、作られたそれが机の本質をもっているように――、しかし（サルトルによれば）残念ながら人間はそうしたものではない。人間存在は定義されておらず、その意味でその存在の本質とは「無」であり、人間は自由のもとで絶えず「賭け」に出ながら己が何者でありなんのために生きるのかを問い続けていかなければならない。そして、他の誰かがその正解を与えてくれたり、その責任を取ってくれることなどはない。この意味で、「人間は自由の刑に処せられている」のであり、その無の度重なる現われともいえる実存状態において生き、その生き様のなかで次第に自らの本質ともいうべきものを体現してゆくことになる。もしかすると、それは人によっては「守銭奴」であったり「人類愛」であったり「求道者」であったりすることだろう。「マルチな仕事にトライする自由人」や「一つのことに長年打ち込む職人」にもなれる。あなたは何者になっても構わないし、そうした人生における満足感や後悔はあなた自身が引き受けるしかないのだ。重要なことは、あなたがあなた自身の意志においてきちんと決断し、それを引き受ける覚悟をしているかどうか、という点である。このことについて、単に「ああ、自分で決断しているさ！　分かっているよ！　言い訳しなきゃいいんだろ……」という風に受け取ってはならない。それは単なる開き直りであって、すでに最初から言い訳しているようなものである。「きちんと決断する」とはこれから決断しようとする自分（現実存在）が何者であり、これからの決断が何を意味するのかをきちんと自覚することである。哲学、心理学、経済学、社会学などの人文・社会科学系の学問は、あなた自身がどのようなことをしているのかをあなたに教えることができるものではあるが、しかし、どうすべきであるかその答えを教えてくれはしない。答えはやはりあなた自身が見つけるしかないのである。

＊1　以下のケース8、ケース9の事例はKahneman & Tversky［1979］, p.273 での problem 11, problem 12 の事例をアレンジしたもの。

＊2　期待値とは、確率変数の実現値を、確率の重み（起こり得る事柄（根源事象）の数）で平均したもの。たとえば、六面体のサイコロを投げる場合の確率空間を{1, 2, 3, 4, 5, 6}とするとき、起こり得る根源事象は六個ある。確率空間を定義域とする実数値関数Xを確率変数とすると、確率変数の実現値は、X_1、X_2、X_3、X_4、X_5、X_6と表現できる。サイコロの場合、それぞれの根源事象に付与されている確率は1/6であり、根源事象分の確率をすべて足すと1となる。このとき、期待値$E(X)=\frac{1}{6}\times X_1+\frac{1}{6}\times X_2+\frac{1}{6}\times X_3+\frac{1}{6}\times X_4+\frac{1}{6}\times X_5-\frac{1}{6}\times X_6$と表現できる。すると、一回サイコロを振ってみて出る数字の期待値は、$(X_1+X_2+X_3+X_4+X_5+X_6)/6=(1+2+3+4+5+6)/6=3.5$、となる。

＊3　初項a_1、公比r、$-1<r<1$のとき、無限等比級数の和は$a_1/(1-r)$となる。この場合、初項1/2、公比1/2の無限等比級数の和なので、$1/2\div(1-1/2)=1$へと収束する。

＊4　余分なお金をたくさんもっている人は一文無しの人よりも多少なりとも掛け金を多く払うことに抵抗はないので、当然四円以上払ってでもギャンブルに参加することは不合理ではない。

＊5　Kahneman & Tversky［1979］ほか、ダニエル・カーネマン［2012］『ファスト&スロー』（上・下）（村井章子訳、早川書房）などを参照。

＊6　これは、自分がどうなるか分からないような不確実な境遇において、今後の社会政策を選択できるとすればどのようなものを選ぶのが合理的であるのかについての指針を提示することもある。たとえば、最低限の自由が保障されることで「人生の意義」「やりがい」「成功」などが実現できるとしても、それだけでは失敗したときのリスクがある。ゆえに合理的人物は自由を保障してもらいたいがそれだけでなく、どん底に落ちた最低限の暮らしにおいても人間らしい生活が保障され、さらには失敗した状態からのやり直しも或る程度整備されているほうがよいと考えるので、自由と平等のバランスがとれた社会政策を望むかもしれない（ここに公平性の実現を見出したのが、ロールズの『正義論』ともいえるが、それについての批判も数多く存在する）。

＊7　多くの人は長い人生において、時間非整合性のもとでこうした選好逆転を経験するように思われる。

09

弱く醜い自分
――流されてしまうのはなぜか？

あなたは自分自身をどう評価しているだろうか？　対外的には「いやー、大したことありませんよ」といいつつも、心の中では「自分の人生経験、知能や精神的タフさ、意志の強さや人としてのモラルは、そこらあたりの人よりは上だろう」と思ってはいないだろうか。多くの人が或る特定の要素については控えめに回答することはあっても、その他の部分を考慮すると「総合的には自分は平均以上である」とどこか信じているのではないだろうか。そんなあなたはどんな状況においても決して揺れることのないタフな精神の持ち主……ではなくとも、自分というものをしっかりもっていて、誘惑には抵抗し、脅されない限り自発的には不正をしない人間であるのだろう。しかし、その認識に歪みはないのだろうか。

自我消耗で不正行為は増加する

私たちは自分自身でその都度何かを選択しているようでいて、実は環境に影響されながら、しかしその影響に気付くことなく「自分で選びました」と信じている場合が多い。たとえば、認知的負荷や精神的消耗をより強く与えられているような環境においては、そうでない環境よりも人は高カロリーを欲する傾向が見受けられる。これはいわゆる**自我消耗**（ego depletion）というものであり、度重なる複雑な計算やジレンマによって精神的に疲弊すればするほど、欲求への抵抗力といった自己制御資源が低減し、快楽を求める欲求に流されやすくなったり、やってはいけないと分かっていることをやってしまう（Baumeister and Tierney［2011］）。だから、頭が疲れたときや、ストレスにさらされ続けたとき、あなたがポテチを頬張りコーラをガブ飲みしたり、お酒を明け方まで飲み続け一日酔いになってしまったり、あるいは、ついつい大きな買い物をAmazonでポチっとしてしまうのも無理はない。それはあなた自身の意志ではないのだから、あなたは悪くはないかもしれない。もっとも、そのツケはあなたが支払わなければならないので、あなたは太り過ぎたり肝臓を傷めたり、カードの引き落とし日になると憂鬱になったりするかもしれないが。これはいってみれば機会費用の問題であり、そのようなその場限りの欲求依存的行為が増えれば増えるほど、本来貯蓄して将来的に可能であったはずの海外旅行の機会を失ったり、かかる必要もなかった医者にかかるはめになってしまいそこにお金をつぎ込んでトータルでは大きな出費をすることになる。修行僧でもない限り気晴らしは大事であるが、自我を消耗しているときほど慎重になり、無茶をしないようあらかじめ工夫することが大事であろう（飲みに行くにしても、三〇〇〇円以外はクレジットカードなどもすべて職場のデスクにしまいこんで帰宅し、そのお金だけをもってツケのきかない飲み屋にいく、など）。

さらにいえば、自我消耗によって不正行為が増大することはいくつかの実験によって示されている。前述の自我消耗との関連で複数の研究者たちが行なった実験では、複雑な知的作業によって疲弊したグループほど、不正行為をする割合が多いことが統計上示された。下記はその一例である（Mead et al. [2009]）。

自我消耗と不正行為との関連実験：

グループ1：xとzの文字を使わずにエッセイを書いてもらう（非消耗条件）
グループ2：aとnを使わないで書いてもらう（消耗条件）[*1]

その後、どちらのグループにも数字合わせテストをしてもらう。内容は、小数点二桁まである数字がランダムにたくさん並ぶなか、二つを足して一〇になる組み合わせを見つけるもので、制限時間五分の間に全二〇問を解いてもらう（普通は全問正解はなかなかできない）。一問正解につき報酬二五ドルが支払われる。

それぞれのグループは、さらに二条件のもとでグループ分けされる。一つは、実験者が採点をしてその報酬が支払われる「実験者採点条件」。もう一つは、実験協力者（被験者）自身が採点をしてその答案用紙をシュレッダーへとかける「自己採点（いかさま可能）条件」。すると、以下の四グループが登場する。

①非消耗条件のもとで数字探しをして、実験者によって採点されるグループ。
②消耗条件のもとで数字探しをして、実験者によって採点されるグループ。
③非消耗条件のもとで数字探しをして、自分で（いかさま可能な）採点をするグループ。
④消耗条件のもとで数字探しをして、自分で（いかさま可能な）採点をするグループ。

さて結果はどうなったかといえば、①と②とではそこまで結果に変わりはなかった。消耗していないほうがやや好成績だったのだが、その差は平均一問以内であったので、この程度の消耗が計算能力自体にそこまで悪影響を与えているわけではないようである。しかし、その消耗は不正行為への抵抗力に対してはかなりの悪影響を与えていた。消耗させたあと、いかさま不可能な実験者による採点グループと、いかさま可能な自己採点グループとの間の成績差というものは顕著なものだったのだ。消耗させられていない①と③の正解率の差はせいぜい一問以内にとどまったが、②から④への正解率の差は三問を超えるものであった（Mead et al. [2009], p.595）。つまり、消耗した人が自己採点の機会を与えられたとき、いかさま不可能な人たちよりも七五ドル（現時点のレートでいえば約七五〇〇円ほど）も多く受け取るほどのいかさまをしていたということである。もちろん④のなかにも正直者がいるだろうが、平均三問以上正解数が増えるということは、そうした状況だからこそ（もしかすると四問や五問分も）不正をする人が増えて自己申告による正解率（と獲得金額）が上昇したと解釈する方が自然であろう。

偽ブランドを身に着けると……？

さて、こうした実験結果があるとしても、それでもあなたは人間の善性に期待しようとするかもしれない。もしかすると、「疲れていれば箍《たが》が緩むのは仕方ないさ。でも、疲れていなければそんなことはしないよ……」と思っているのかもしれない。しかし、人はなんということもないようなことに引きずられ、普段はしないであろう不正行為をしてしまうこともある。そしてそれに気付かないまま過ごしてゆくうちに、不正をなんとも思わない性格へと変わってゆくのだ。
風変わりで面白い実験をする行動経済学者として有名なアリエリーは（実は前述の実験にも協力してはいたが）、「偽ブランド」を身に着けることによって不正行為が増えるかどうかという興味深い実験を行なっている（Ariely [2012]、第四章）。詳細は以下のとおりである。

偽ブランドと不正行為との関連実験：クロエのサングラス（本物）を被験者に渡し、かけたまま数字探し課題をさせる。前述の数字合わせテストで、ごまかし可能な状況のもと、どのように不正が増加したかを確認した。結果は以下のとおり。

「本物」と言われたグループ　………三〇％が水増し申告
「にせもの」と言われたグループ　………七一％が水増し申告
「情報なし」のグループ　………四二％が水増し申告

「情報なし」のグループは、もしかすると自身がかけているそれをホンモノと思っていたのかもしれないし、よく分からなかったのかもしれない。しかし、自身のそれをニセモノと信じているグループは明らかに正解の水増し申告を行なっている。以上の結果からいえるのは、実験において「にせもの」を身に着けてしまうと、「別にこれくらいいいじゃないか」という不正への寛容度が上昇し、それが道徳的抑制を弱め、結果的に不正に手を染めやすくなる、ということだ。そして、「にせもの」を着けている人は、「どうせ他人もいかさまをしているにちがいない」と考えがちになることも分かった。平均以上のモラルの持ち主である自分がこれぐらいのいかさまをやっているのだから、他人がやってておかしくない、というわけだ。つまり、人はほんの今しがた身に着けたもの（サングラス）によって価値観や不正への許容度が変化し、それに応じてそこからの行動や認識が変化するということになる。さすがにちょっとした身の回りの変化から虐待や殺人を行なうことはないであろうが[*2]、そのちょっとした変化に気付くことなく、それを積み重ねてゆき、そしてそれを当然と思うようになると、周囲から見てとんでもない人物へといつの間にか変貌を遂げているかもしれない。

さらに気を付けるべきは、そうしたごまかし行為をした人物はちょっとしたごまかしを正当化するだけでなく、自分自身を現実よりも過大評価するという点にある。前述のアリエリーが他の研究者と行なった実験では、全八問の（かなり複雑な）算数テストを行ない、不正行為を可能にすると案の定、そのグループはそうでないグループよりも成績が良かったわけだが、そのグループに「次回のテストではどれだけ問題が解けそう?」とアンケートをとったとき、ごまかし条件の人の方が次回テストの予想獲得点数は高かった。通常は五割程度の正解率なので、不正行為をしていなければ次回は同程度の正解率を予測したり、もしくは慣れた分だけほんの少し楽観的になってもおかしくはないのだが、不正を行なったグループはなんと「次回は七割五分程度正解できる」と回答した（Ariely［2012］、第六章）。いかさまをして多めに正解をしていたにもかかわらず、「自分は本来これくらいの能力はある」と過大評価をしてしまっているわけだ。

自己欺瞞の怖さ

これは或る種の「自己欺瞞《ぎまん》」であるが、人はいとも容易くそのように自分の能力やモラルというものを実際よりも過大評価してしまう。これはかつて意志が弱くて失敗した人、ちょっとした出来心で不正をしてしまった人もそうであり、そうした人たちは自分が本当は平均以上であると信じているがゆえに、「あのときはまあ長続きしなかったけど、今度は本気だからさ」といったり、「あのときはつい流されて悪さしちゃったけど、本当の俺は正義の人だからさ」といって、結局は同じことをしてしまう。とかく、自己欺瞞をしている人は極端な楽観主義や自信過剰であるが、これは、望ましい能力・性格について自身を平均以上と評価する**架空の優越**（illusory superiority）あるいは**レイク・ウォビゴン効果**（Lake Wobegon effect）を示している。こうした楽観主義者や自信過剰な人ほど、自分がつい流されてやってはいけないことをやってしまうような**認知的不協和**（cognitive dissonance）[3]に陥ったとき、その解消のため「本当はきちんとできたのに、まあいいやと思ってね。でも本当は流されないことなんて余裕なんだけどさ」とか、あるいは「それはこんな事情があってさ……」というように、平均以上の自分がそうなってしまったことを補強するのに都合よい証拠ばかりを集め、自己正当化を図る。あるいは、もっと極端な自己欺瞞を行なうこともある。「あのときは調子に乗っている相手を懲らしめようと思ってさ……」などの辻褄合わせを行ない、自分でもそうだったと信じ込む。この類の辻褄合わせは過去の記憶を都合よく改竄《かいざん》したりもするので、その場合、過去の自身の態度や行動について、現在自分が信じる「平均以上の自分」に近いものだと信じるような解釈――たとえば記憶の捏造《ねつぞう》など――を行なう（いわゆる**一貫性バイアス**[4]）。

もちろん、ちょっとした自己欺瞞はわりと日常的に行なわれている。たとえば、お見合いサイトや自動車購入サイトなどで、今の自分にピッタリのものを探そうとするとき、実際の条件を入力して検索結果が提示された場合、素直にその結果を受け入れる人はどれだけいるだろうか。検索結果が気に入らなければもう一度戻って、理想の相手や理想の車が出るまで条件を修正し続けるのではないだろうか。お見合いサイトでは、自身の年齢や年収プロフィールにほんの少しだけ実際よりも良くなるよう変更を加え、理想の相手に出会おうとするのではないだろうか。自動車検索だって同じである。自動車検索では理想の車に出会ったとき、それが今の自分にとっては少々価格オーバー気味であったり、そもそもの用途とズレたりしていることはないだろうか（本来、ファミリーカーが必要だったのに、2ドアのスポーツカーになっているなど）。そんなとき、ほとんどの人がこう思いながら自己正当化することだろう。「これくらいなら許容範囲だ。サバを読んでいるとはいえない」とか「まだ子どもは小さいので後ろに乗せれば問題ないし、子どもにとっても自慢になるさ」というように。しかしそれは、実情にそぐわない行為をしたことを正当化しようとする自己欺瞞であることが多い。

　自己欺瞞は、悩み相談を他人に持ち掛ける人でも起こり得る。悩んでいる人は往々にして自分の思う答えをいってくれるアドバイザーに出会うまで相談をいろんな人へ持ち掛けるし、ときに偽りを交えながら、悩んでいる自分が実は間違っていないと認めさせることを優先したりもする。しかし、気を付けるべきは、悩んで現状を変えようとしている人は――前述の理想の恋人・車探しと同様――、どこかで実際の自分というものを上方修正していないかを疑う必要がある、ということだろう。アドバイスを求めそれに従って現状を打破しようというのではなく、悩んでいる自分を肯定し安心感を与えてくれるような助言を求める限りは、実際の欠点を隠しがちな当たり障りのないハナシにとどまってしまう。そして、その現状をそのままにしておくのでは問題は解決しない。ゆえに、いろんな人に悩みを相談している人は、目の前の相手の慰めが本当に自分のためになっているかどうか、そしてそもそも自分は本気で悩みを解決しようと効果的な実践をしているのかをきちんと振り返った方がよい。「自分は他人からアドバイスをもらおうとしているので、頑張り屋さんだし、他人の意見に耳を傾ける素直な人間だ」と思っているのかもしれないが、もしかするとそんなことはないかもしれない。

さて、こうしてみると、いかに人が環境に流されやすいか、不正をしやすいか、そして自己弁護や自己欺瞞を行ないやすいかが分かるであろう。もちろん、読者であるあなたが平均以上の知性と精神力、そして倫理観の持ち主でこのようなバイアスを超越した存在であれば、「自分とは無縁なハナシだな。まったく私以外の人間ってやつはなんて愚かなんだ……」と思うことだろう。しかし、その幸せな楽観主義こそが、あなたにとって本当の敵なのではないだろうか？

とりあえず、本章の内容について以下教訓めいたものを書いておく。自分や他人を成長させたい人、そうした責務を果たそうとする人はどうか留意してほしい。

教訓：

①人は「分かっていた」とか「そもそもできた」と信じ込みやすい。

②しかし、それで済ませようとする限り、能力が向上したり、倫理的な人間にはなれない。

③自分や他人の能力・資質を向上させたいとき、最初から手取り足取り教えてもらわない（教えない）方がよい。壁にきちんとぶつかり、悩み、「自分は助けが必要な人間で、今後も勉強が必要な人間である」ということを自覚する（させる）必要がある。

＊1　グループ2が消耗条件であることにあまりピンと来ないかもしれないが、グループ2では“not”が使えないので否定形を表現するのにいちいち苦労するし、不定冠詞“a”や“an”を用いることなく、そして“I am”や“they are”などを使うことなくきちんと文章表現をするのは、私たち日本人が思っているよりも精神的に苦労・疲労するようである。

＊2　しかし、ミルグラムの電気ショック実験やスタンフォード監獄実験のように、人は環境次第では拷問・虐

待への寛容度を高め、反倫理的な行為を行なうようになることはすでに周知の事実である。
＊3　人が自身のなかで矛盾する認知を同時に抱えた状態、またそのときに覚える不快感のこと。
＊4　一貫性バイアス（consistency bias）とは、或る人格の態度・行動・評価について、現在の判断が示すそれと近いものとみなすバイアス。たとえばこれが他人についての場合、これまでは仲が良かったのに、現在喧嘩をしてしまって険悪な状態であれば、「そういえば、あの人昔から私のこと嫌いみたいだったもんね」という感じで、現在の相手に関する認識が過去にまで遡及し、昔から今に至るまで一貫して自分のことを悪く思っていた、という認知状態に陥ってしまう。

10

お金は欲しいが、それだけじゃない？

「快」が幸福、「苦」は不幸？

快を求め、苦を避ける。これは人であれ動物であれ違いはない。快を得れば幸福な気持ちになれるし、苦痛を受け取ると少し不幸な感じがする。しかし、そんな気持ちや感じになるからといって、快＝幸福、苦＝不幸、といってしまってよいのだろうか？　ベンサムに始まる古典的な**功利主義**は、社会思想として人びとの快を増大させ、苦痛や無意味な厳罰を軽減することで社会全体をより良きものにしようとしていた。それはよい。貧困にあえぐ人に食料や医療、身の安全を提供することで最低限の生活を保障し、さらに人びとがいろんな趣味・楽しみを得る方がよいに決まっている。政府がなすべき義務とはそれを実現することであり、それに反するようなことをする政府は正当性を欠くといえよう。また、そうした社会の一員として、社会のために私たちは何を為すべきかといえば、政府と同様「**最大多数の最大幸福**」を目指したり、「公共の福利」のために行動すべきかもしれない。[*1]

しかし、自分のために個人的になすべきこととして、快を増大し苦を回避することは果たして良い生き方、良い人生といえるのであろうか？　苦痛を回避し、快にどっぷり浸り続ける終わりなきバカンスのような人生と、苦しみ傷つきながら、ほんの少しだけしか快を手に入れることがない人生があるとして、前者こそを私たちは目指すべきなのであろうか。もちろん、こんな両極端ではそもそも良いも悪いもないわけで、その間にこそ目指すべき幸福があるのかもしれないが、しかし、それは中間値や平均値をとることで「これこそがバランスのとれた幸福なのだ」と決めることができるものなのだろうか。快や苦はたしかに存在するし、人はそれを気にする。しかし、或る人にとって何が快で何が苦であるかを他人が計測することなどできないし、同一人物であっても時間の変化に応じて苦痛だったものが快に変わることもある。英会話や習い事などもそうであり、子どものときにはお金を払ってでもそこから逃げ出したかったのに、大人になるとお金を払ってでも学びに行こうとする人もいる。「生きる」ということは変化を含むもので、単に或る財が与える快楽だけにいつまでもどこまでもしがみついているだけでは、人生の後半になって気付いたときに「楽しかったけど……振り返ってみると、私って何をしてきたんだっけ？」となりかねない。起業しようが子育てをしようが、何かを自分から為すことは大切なことである。与えられるものだけを享受するのではなく、何かを与えたりすることも――そしてその結果何かを失うことも――人生を創るためには必要なことなのだ。

お金を差し出すことの意味――最後通牒ゲーム

しかし、やはり苦痛や苦労は嫌なものであり、プラスとしての快が欲しい。直接的に快を与えてくれるのは「おしゃれな服」「居心地のいい住まい」「映画」「ゲーム」「お酒」「美味しい食事」「エステ」「優越感」などであろうが、それらを手っ取り早く可能にするのは何かといえば、やはり「お金」であろう。私たちがお金を欲しがるのはそれが快楽と結びついているからであって、お金をもつことで苦痛しか感じないならばそれを求める理由などそもそも存在しない。ゆえに、お金をもらって嬉しくない人など普通はいない。それに苦しい労働によってエネルギーや時間を失おうとも、お金をもらうことでそれを埋め合わせてお釣りがくるのであれば、自身の給料をなるべく高めに望むのは当然であろう。人がお金を欲しがるのは当たり前のハナシである。

とはいえ、経済的な関係——取引市場や労働市場など——ではたしかにお金を欲するが、そうでない場合にはお金を受け取りたくない場合もある。たとえば、あなたは会社員であるとしよう。同じ会社の先輩から飲みに誘われた。ルックスもそこそこタイプなのでいいな、と思っていたあなたは喜んで一緒に飲みに行き、話題も盛り上がった。その帰り道、二人っきりでいい雰囲気になり、あなたは胸をドキドキさせているとしよう。そこで相手が「今日は付き合ってくれてありがとう！　いろいろ気をつかってくれて嬉しかったよ。はい、お礼に一万円あげるね。ところでどう？　付き合ってみない？」と愛の（？）告白をしてきたとしよう。もともと付き合ってもよいと考えていたあなたではあるが、その一万円を差し出した相手の振る舞いにより、相手への好感度がさらに上がったりするだろうか？　あなたは、そういうことをする相手と今後とも真剣にお付き合いしていこうと思うだろうか。おそらく多くの人が「うわっ……何この人!?」といって気持ち悪がるのではないだろうか。

一万円を差し出すか差し出さないかの違いでいえば、差し出してくれる方がいいに決まっている。なんせ、もともとあなたは相手を良く思い、付き合ってもよいと思っていたのだし、それに加え、差し出されたその一万円で美味しいものを食べたり貯金もできる。もし、あなたが「なんか、自分が安い商品として扱われているようでいやだな」と思って気分を害したのであれば、それなら相手が自分を高評価する形で一〇〇万円もらえたのならばよかったのか、というハナシになるが、そのときはどうであろうか。もちろんそれで喜んでお付き合いし、デートのたびにそんな大金をくれるなら願ったりかなったりかもしれないが、しかしそれはもはや商売や取引をしているのと変わらないのであって、それが恋人関係や夫婦関係として長続きするかといえばおそらくは無理であろう。おそらく、そんな金銭的な恋人関係にあるあなたを見て周囲はドン引きすること請け合いであろうし、あなたが別の魅力的な相手を見つけたとしても、その新たな相手があなたに関するそうした事実を知ったら、もしかしたらあなたは拒絶されてしまうかもしれない。

人がお金を欲しがるだけのエコノミックアニマルではないことはいくつもの実験で証明されている。たとえば、以下の最後通牒ゲーム[*2]を見てみよう。

最後通牒ゲーム：

・ゲームは、「送り手」と「受け手」の二人のプレーヤーで一回きりで行なう。
・二人は別々の部屋にいて相手が誰であるかは知らされてない。
・まず最初に、実験者が送り手役に分配可能な額として一〇ドルを提示する。
・送り手はこのお金を相手とどのように分けるかを決めるが、分け方は送り手の自由であり、五ドルずつ山分けにしてもいいし、自分を多めにしてもよい（受け手もお金の総額は知らされている）。
・受け手は送り手が決めた配分提案を受け入れることも拒否することもできる（ただし拒否すれば、お金は実験者に戻り、二人とも収入はなし）。

さて、この場合、送り手は一〇ドル中相手に一ドル渡すことがもっとも合理的な選択となるはずである。なんせ、ゲームは一回きり、相手は誰かも分からないので悪評が広まることもない。受け手からしても、一回きりのゲームであり、収入〇ドルよりも一ドルの方がプラスになるわけだから、一ドルの提案を断わることは不合理である。では、送り手役の人は実際にどうするかというと……大半は相手に五ドル、せいぜい四ドルくらいを渡そうとするし、受け手はその提案を承諾して合意締結される。もちろん、さきのように合理的に推論した結果、受け手に二ドルや一ドルしか渡そうとしない送り手もまれにいるが、ほとんどの受け手はそれを不公平なものとして拒絶し、合意締結には至ることなく二人とも損をしてしまうことになる。もちろんそれは送り手側の失策であって、合理的に判断した末の不合理な結果といってよい。

「公平性」を求める心

この最後通牒ゲームが示す結果に対し、経済合理性の強みを信じる人々はこう反論するかもしれない。「いや、でもそれが一〇億ドルと一億ドルだったら、受け手はちゃんと受け取って合意締結するだろう？　大金になればなるほど、そんなくだらない公平感なんてどうでもよくなるんだよ」と。たしかにそうだろう。私だって一〇億ドルのうち一億ドルもらえるならば、ムカつきはするが、その提案を拒絶したりはしない。しかし、だからといって公平感なんてどうでもよいなんてことにはならないし、相手に対する不満は消えないかもしれない。[*3] たまたま割り振られた役が違うだけなのに、それを利用して一〇億中九億をがめつくもらい、こちらにはその一割しか渡そうとしない人への不満は残り続けるので、もし相手を認識し、今後も顔を合わせることがあるとするならば、そんな相手とは二度と協力しようとは思わないし、もし相手を特定できたならば悪評を流すなどして復讐してやりたくなる。そもそも、日常では実験室実験とは異なり、そうした相手が誰であるのかは普通認識できている。不公平な提案をしてくるのはワンマンな経営者であったり、あるいは、専業主婦のパートナーであるサラリーマンの夫かもしれない。仮に彼らが「もらえないよりも、もらえるだけいいだろ⁉」といって不公平な提案をしてきたら、あなたはどうするであろうか？　おそらくギリギリまでは我慢するが、そのうちにその提案を拒絶して復讐したり、あるいは、自分を公平に取り扱ってくれるまともな上司やパートナーを探すことだろう。最後通牒ゲームが教えてくれるのは、人はお金を欲しがりはするがお金だけを欲するわけではないこと、そしてそのことを理解しない人は他人とうまくやれないことがある、ということである。

このように、ほんの僅かしか相手に渡さなくともよいと考える送り手、あるいは、告白前に一万円渡すことで「自分のことを相手がより好きになってくれるであろう」と期待する前述の先輩、あるいは、たくさんの稼ぎによってそこそこ良い暮らしをさせていることを理由にパートナーをぞんざいに扱うサラリーマンや経営者などは、自身が合理的であると信じ込んでいるので、その振る舞いが拒絶された場合には「間違っているのは相手の方だ」と思い込みやすい。「自分は合理的なんだ！　なにも間違っていない。こんな自分を拒絶する相手が間違っているんだ！」というように。しかし、自身のそのやり方がうまくゆかない可能性に気付いていない点では不合理であるし、相手の方を不合理であると決めつけて自己正当化しようとする点では醜悪ですらある。つまり、「金さえ渡しておけばなんとかなる」と思っている人は、人間関係的には理に適っていない愚か者なのである。そもそも、「人間ってのは、みんなお金を優先して動くものだ」というのはその人の勝手な思い込みでしかない。たしかに、共同体によっては送り手が二、三ドルの配分を提案してもそれを受諾する受け手が多いケースもあるが、[*4] ほとんどの社会には「公平性の希求」と「不公平に対する寛容の限界」というものが存在する。実際の社会における合理的人間というものは、お金だけを優先しているわけではなく、公平性をも尊重していること（そしてその公平性の尊重こそが信頼を支え、経済的協力を可能としていること）を理解する必要があるだろう。

それに、たしかにお金や財は快に関連しているのだが、それらをもらえばどんなときでも嬉しいとなるかはまたハナシが違う。好きだった人からお金をもらうと、自分が商品として取り扱われているようで嫌な気分になる。もらうならせめてプレゼントなどがよい。なので、彼氏は彼女に誕生日プレゼントを贈るときは、現金よりもモノを贈る方がよいだろう。ただし、いくらその女性がグッチの財布が欲しくとも、彼氏でもない人からそんなプレゼントをもらうと気持ち悪いだけである（だから、そんな場合は質屋に行ってすぐさま換金されてしまう）。ましてや雇用関係においてはなおさらである。自分の勤め先が固定給の一部を現金ではなくグッチの財布で払おうとするなら、いくらグッチ好きの人であっても「ふざけんな！」と思うだろう（ボーナスとしてならまだよいだろうが）。やはり、プライベートでのプレゼントとは異なり、労働市場において雇用契約を結んだ経済的関係である以上、労働者である被雇用者がお金を欲しがるのは当然である。[*5]

たかがお金、されどお金

しかし、「お金＝快」で、「労働＝苦」という考え方にとらわれすぎるのも少しズレている。以下の例を考えてほしい。

【ケース12】

あなたは大学生で来月から或る会社に就職します。あなたの生涯所得は月給・ボーナス・退職金を含めて三億円です。あなたは今現在投資や転職には興味はなく、年金を受け取れる四〇年後までずっとその会社で給料をもらいながら働くつもりでした。しかし、そこの社長が来てこう告げました。

「わが社では新入社員のうちランダムに一人を選び、働くことなく生涯所得の三億円を手に入れてもらうという面白いイベントをやっているんだよ。まあ、入社希望者を増やすためにね。それで、今回君が当たったわけだ。おめでとう！　君は今三億円受け取れるけど、ただし条件がある。それは、その三億円を決して消費以外に使うこともしてはいけないし、とにかく働いてそれ以上稼ぐようなことをしてはいけない。もちろんもらったお金で買い物をしたり、計画的に貯金したり、老後のために個人年金を積み立てたり、生命保険などに加入してもいいけど投資などはだめだ。もしこの提案がお気に召さないなら、通常どおりこのまま（もし辞めなければ四〇年間）働いてもらって月のお給料や年二回のボーナス、そして最後に退職金を受け取る生活（累計三億円）を選んでも構わない。もちろん、その場合でもうちは副業はダメだから、生涯所得はさきほどの選択肢と変わらないけどね。どうする？」

Q. さて、あなたは提示された三億円を受け取り、年金を受け取るまでの四〇年間働くことなく暮らす生活を送りますか？　それとも、四〇年間働きながらトータル三億円を稼ぐ生活を送りますか？[*6]

働くこと（労働）が「苦痛」であり、お金はその苦痛を癒す見返りとしての「快」であるならば、迷うことなく働かずに三億円もらう人生を選ぶ方が合理的であろう。なんせ四〇年の間に受ける苦痛――満員電車に揺られたり、取引先とのトラブル、上司からの叱責、部下の指導、退屈な会議など――を回避できる形で三億円手に入れられるのだからいいことづくめである。しかし、私の講義で大学生に手を挙げてもらうと、だいたい八割以上の学生が「働きながら三億円もらう」方を選好する。それはなぜかといえば、仕事というものが単なる労働ではなく、知らなかったことをそのなかで教わりながら、自分を成長させてくれる「場」であると認識しているからだろう。もちろんそれだけではない。なかには、「先にお金を受け取ってしまうとつい無駄遣いをしてしまうので、働きながら、月々分割して（月給として）受け取る方がよい」という意見もあった。これはいわゆる、意志の弱さに対する事前の措置としてのプリコミットメントといえる。ただし、その対価として四〇年間の労働（週40時間×約50週間（年間）×40年≒80,000時間の労働[*7]）を甘受しなければならないとすれば、その代償はあまりにも大きいように見える、これらを考慮すると、労働は苦痛ではあってもそれだけというわけではないし、また、労働には金銭とは別の価値があると考えることは必ずしも不合理というわけではないだろう。少なくとも、それが自分の意志で選び、自身のライフワークとして選んだ仕事であれば。これは大学教員であろうが市役所職員であろうが、ウエイトレスであろうが新幹線の清掃員であろうが、居酒屋の店長であろうがすべて同じである。自分で覚悟を決めて一生懸命働くことがその人生を創ってゆけるということ、このことを忘れるべきではないだろう。

ただし、経営者や上司が都合のよいようにこのことを解釈し、自分のところの従業者に対し「仕事とはお金だけじゃないんだ！　やりがいなんだ！」というべきではない。ましてやそのロジックをもって給与の少なさを正当化しようとしてはならない。その仕事が自分の人生にとって意義をもつかどうかを感じる主体はあくまで実際に働く個々人であって、その意義を他人が勝手に決めることなどできはしない。それに、たしかに労働者はお金だけを目的としているわけではないかもしれないが、給与は彼ら・彼女らの重要な関心事である。その給与でそこそこ豊かな生活を送りたいのは当然であるし、さらにいえば、自分が仕事で頑張っているのに給与が低いと、「お前のやっていることには価値がない」といわれているようにも感じてしまう。逆に、自分が頑張っているときに、相場以上に給与を高くしてもらったり、労働環境に気を使ってもらえると、「よーし、頑張るぞ！」という気持ちになる。お金ではない別の力をもって他人を動かしたいといって、実際にお金を与えないというのはあまりにも考えが短絡的すぎる。大事なことは「この仕事はあなたにしかできないから、だからこそ、私はあなたにこれだけの好待遇（給与や自由度など）が見合うと思ってますよ」というメッセージを送ることだ。そのメッセージ性こそが単なる市場的な労働契約を超えたインセンティヴとなり、相手のモチベーションとパフォーマンスを向上させる鍵となるのだが、それをサボりながら「人間はお金だけで動くものじゃないんだ！」と上司や経営者がいったところで、相手は「ふざけるな」とか「やってられるか」としか思わない。なんせその物言い自体、相手を奴隷化した上で、それに不服を唱える相手こそが「道徳的に失格」だといわんばかりのパワハラ・モラハラなのだから。

もちろん、経営者と従業員とでは立場も考え方も異なるので、関係上ギャップがあるのは当然であるし、経営状況によっては後者が満足するくらいの給与を払えないこともあるだろう。しかしそんなときに経営者がいうべき言葉は「いつもありがとうな。でも、ゴメンな。こんだけしか払ってあげられなくて……」であって、「払ってもらうだけでもありがたいと思え！」ではない。「お前の代わりなんていくらでもいるんだから少ない給与でも感謝しろよ！」のような態度をとる経営者は、前述の最後通牒ゲームにおいて「お前には一ドル渡すんだから、不平をいって拒絶する理由はないだろ！」と思い込んでいる不合理な送り手と同様のミスを犯しているといってよい。労働者からするとそんな経営者は、不当に自分を評価し、不公平な振る舞いを繰り返す非協調的人物でしかない。そんな人とは今後とも末永く協調的関係のもとでお付き合いしたいとは思えないので、そうした経営者・上司のもとからは有能な労働者は去ってゆくであろう。残った労働者は「どうせあっちは俺たちをまともに扱う気がないんだから、なんかあればすぐやめてやろう」と考え、最低限の意欲のもとダラダラと仕事するだけである。もし経営者がそのつもりはないのに、従業員にそう勘違いされているかもしれないと思うのであれば、きちんと給与システムやその背景・事情を説明し、自身が不当に従業員を取り扱っているわけではないことを示すべきであろう。経営サイドからするとそうした「透明性」「風通しのよい職場」というお題目などは、経営サイドに対する労働闘争の象徴のように苦々しく思われるかもしれない。しかし、それは労働市場において協調関係を維持するためには必要なことなのである。人はお金を欲しがってはいるが、公平さが保証される限りにおいてそうなのである。

＊1　これは功利主義的ではあるものの、その意志の在り方は本書の*17*で紹介するルソーの「一般意志」にも近い。ルソーによれば、理性的な社会の一員であれば、個人は自分の利益のために誰か特定の人に忠誠を誓うのではなく、みんなのためになることを意志した上で社会全体に忠誠を誓うのであり（そしてそれは自分のために自分に忠誠を誓うことも含意している）、忠誠を誓った先の社会が行なう政治はその意志を汲んでいるので社会成員を平等に尊重しつつ、みんなの幸福を実現しようとする。しかし、ベンサムに対する批判的継承者で功利主義者であるJ・S・ミルは、そうしたルソーの考え方を拒絶する。というのも、ルソーの理論においては、「一般意志」側は理性的で啓蒙的である一方、そうでない側が反理性的で利己的とみなされ、前者による後者への介入や自由の剥奪といったパターナリズムを推奨しかねないものだからである。実際その思想的傾向をもったフランス革命思想（ジャコバン派などの左派思想）が、意見を異にする他者を弾圧しがちな全体主義思想になり下がっ

たこともあり、ミルはそうしたルソーの考え方を強く批判する（もちろん、ルソーがイギリスの代議制について「自由がない」「奴隷になり下がる」というようにボロカスに皮肉っていたことが気に障っていたのかもしれないが）。

＊2　初期の最後通牒ゲームの研究として代表的なものは Guth et al. [1982]。

＊3　厳密にいえば、これは疑似的な公平感であって、社会的正義や平等主義の根拠としての公平性に関わる感情というわけではない（なので、仮に受け手が多くもらったとしても「もらいすぎてしまった！　これは正義に反するので返さねば！」となるとは限らない）。つまり、実際には、相手が自分を自分が期待しているように尊重しなかったことへの不満というものである（ただし、その不満というものは、世間一般の常識・公平性の概念と関わってはいるのであるが）。

＊4　共同体ごとに最後通牒ゲームを行ない、文化ごとに不公平への拒絶の度合いが違うことを示した実験としては Henrich et al. [2001] を参照。

＊5　労働市場ではない「仕事」の場合、たとえば、サークル活動や慈善活動といった非市場的なお手伝いであれば、その場合はちょっとしたお金よりもプレゼントの方が喜ばれることもある。それに、雇用関係である職場であっても、そこには人間関係も交じってはいるので、十分な給与が支払われているが、その上さらに感謝の意を表明したいときは、モノをプレゼントする方が職場の関係を円滑にすることもある。

＊6　ここでは、銀行の金利や保険料などの支払額はどの時点においても一定であると仮定する。

＊7　一年間は五二週と一日（閏年の場合は二日）であるが、この場合、夏季休暇と年末・年始の休みということで二週間分を差し引いて、五〇週の労働として計算している。

11 アメと鞭
――人をやる気にさせるには？

「アメと鞭」のメカニズム――オペラント条件付け

前章では、人はお金を求めてはいるがそれだけではない、ということを論じた。とはいえ、原則的に、人は快を求め苦を避けようとすることは否定できない。人間はエコノミックアニマルでもあるので、そのような人間がどのように行動するかを考える際、快をもたらすお金を求め、苦をもたらす懲罰を避けるだろう、という予測をするのはもっともなことである。アメと鞭（英語でいえば「ニンジンと棒 **carrot and stick**」）を使って人を動かすという教育論・組織論・経営論もここから来ているわけであり、たしかにそれは特定の人びと・職種・期間において効果はある。

アメと鞭、報酬と罰によってサボり気味の人間の行動を改善しようとするのは、行動科学において**オペラント条件付け**（operant conditioning）と呼ばれる手法の一つである。オペラント条件付けとは、或る行動の直後に刺激を与え（正の強化子＝報酬、負の強化子＝罰）、その行動の頻度（繰り返し現われる割合）を高めたり低めたりしようとするものであるが、[*1]これは弁別刺激（「青信号」「赤信号」などの識別可能な刺激）に対し、主体の「認知」に基づく形でそれへの特定の行動発生頻度が変化するようにプログラムを組むものである。そのプログラムのもと、経験的学習を通じてその状況がどのようなものであるのかを学んだ主体は、特定の行動を自らの意志によって意図的に選択するようになる。これはいわゆる「パブロフの犬」とは異なるコンセプトである。パブロフの犬は「反応」を習慣づけるものであり、そこには認知や学習を通じた「成長」という概念はないが、オペラント条件付けでは、自身が置かれた状況をきちんと理解し、学習しつつ成長してゆけるような認知的主体が前提とされている。[*2]二〇世紀初頭のアメリカで流行ったこの行動主義的な考え方は、心理学を実証科学として高め、技能訓練や教育プログラム、犯罪者の更生というように、ありとあらゆる方面へと応用された。もちろん、経営の場においても例外ではなく、ゆえに、アメリカナイズされた日本の経営者は「きちんと成果をあげた人には高い報酬を、そうでなければ給与カットを」といいたがるし、教育グローバリズムを掲げる官僚たちは「成果を示す教員や大学には好待遇を、そうでないものたちは低待遇で補助金もカットな」といって監視と制裁をちらつかせる。高度経済成長以降、低迷しつつある日本経済に苦言を呈する人たちのなかには「日本は競争社会ではない。コネ社会だ」とか「成果主義をもっと導入すべきだ」といって、終身雇用ではなく解雇自由化と業績主義を掲げている人も少なくはない。二一世紀を過ぎた現在においても影響力をもつ成果至上主義の背後には、この「アメと鞭」理論への過剰な信仰心というものが見え隠れしている。[*3]

「アメと鞭」効果の限界

もちろん、直観的にはこの「アメと鞭」理論はもっともらしい。「怒られたくない」「給与をカットされたくない」という理由から、アルバイトの学生や従業員は遅刻せずに職務を果たそうとするし、「これをやってくれれば給料を上げるよ？」といわれると是が非でもそれに取り組もうとする。上司や経営者は、自分たちの部下や従業員に言うことをきかせたりやる気を上げようとするとき、少なからず「アメと鞭」理論を使う。しかし、アメと鞭を振りかざすのに夢中なあまり、肝心なことがつい忘れられがちとなる。それは、そのアメと鞭の使い方によって、個々人がパフォーマンスを向上させることはもちろん、長期的に集団へと貢献してくれる人材へと成長しているかどうか、という問題である。やる気は上がっているのに成績が下がったり、成長するどころかむしろ退行するとあっては、なんのための理論であるか分からない。そして、最近の研究では、或る程度まで「アメと鞭」はパフォーマンス向上に関して効果的ではあるが、限度を超えるとかえってパフォーマンスを低下させることが分かっている。

公立学校での教育プログラムにおいて現金を導入したり、ビンゴくじを用意したりすることでインセンティヴを検証した実験では、「お金には効能があること」と「その効力には限界があること」とが確認されている。簡単にいえば、教育への現金導入は、がけっぷちの生徒においては効能が大きい一方、あらかじめ成績が良い学生をそれ以上伸ばすという効能は見当たらなかった。[*4] どうやら、家庭環境から来る教育格差などを解消するという点では、金銭的インセンティヴは有意味ではあるものの、もともと高めのモチベーションやパフォーマンスの持ち主をそれ以上へと変貌させるようなドーピングとはなりえないようである。それに、インセンティヴとしての金銭的報酬は、使い方や時期、与える対象を間違えると副作用も起こるかもしれない。たとえば、これまでそこそこ勉強を遊び感覚で楽しみながらやっていた生徒たちに小銭をしばらく渡し、その後お金を与えなくなるとどうなるだろうか。「お金をもらえないのかあ。なら、勉強はこれくらいでいいや」となって、かつてよりも勉強への自発的取り組みが低減したり、集中力が切れやすくなったりして、長期的に見ればその生徒たちの成績は低下してしまうかもしれない。もっとも、最初から勉学に興味がない人たちに一歩目を踏み出させることが金銭によって可能であるとすれば、それはそれで良いことでもある。ゆえに、インセンティヴとしてのお金の意味をまったく認めないというわけにはいかないのだが、その対象と効果継続期間というものはきちんと考える必要があるだろう。

より正しく人のパフォーマンスを上げるために

さらにいえば、「お金はモチベーションを上げるので、それに対応してパフォーマンスも上げるはずだ、だから大金を払えばその分だけすごいパフォーマンスを引き出せるし、たくさん給料を払いながら「お金を減らすぞ」と脅せば、[*5]ハイパフォーマンスが維持できるはずだ」という思い込みは、いくらなんでもその効能を過大評価しすぎである。「大金を渡しているんだから、もっと成果だせよ!」といって過剰な成果を求めるような高圧的態度は、かえってその人のパフォーマンスを下げることにもなりかねない。プロ野球において、本来打率三割程度の能力の持ち主に「年間一億円も払っているんだから四割は打てよ! ほら! どうした!?」とプレッシャーをかけると、もともとの三割にすら届かなくなることもあるだろう。複雑で集中力を要する作業ならなおのことである。アリエリーたちが行なった実験がそのことを如実に示している。認知的負荷がかかる複雑なパズルを解かせる場合、高額報酬をちらつかせるとかえって成績が落ちたりするし、さらにいえば、最初にお金をもたせ「しくじったら取りあげるので取り分は減るからな」とばかりにプレッシャーをかけた場合はその成績はひどいものだった（Ariely［2010］、第一章）。重い荷物の持ち運びといった単純な作業ならともかく、段取りが必要な仕事、あるいはかなりの集中力やスキルを要する複雑な作業では、アメと鞭は逆効果となることもある。つまりは、それが効くかどうかは、仕事内容や相手次第というわけだ。そうであるにもかかわらず、「自分はハッパをかけて他人をうまく動かせる天才なんだ」といった自信過剰な経営者・上司ほど、「アメと鞭」理論を乱用し、従業員や部下にプレッシャーを与えて本来の実力を発揮させないばかりか、その責任を相手に押し付け、従業員や部下への人格攻撃を行なう。これは非人道的で法律違反であることはもちろん、会社の業績アップという本来の趣旨から逸脱した愚かな責任転嫁であり、そんな人が上司として幅を利かせている限り組織そのものがダメになってしまう。

しかし、労働者側も「自分はもっと給料をもらえれば、すごいパフォーマンスが出せるんだ！　だから給料を上げてくれよ」と要求し、「アメと鞭」理論を振りかざす経営者のやり方に加担しがちであることを忘れてはならない。もちろん給料は多ければ多い方がいいし、今以上に多めの給料を要求するには「多く給料をくれるなら、その分やってやりますよ！」というロジックに頼るしかない。そしてそのロジックのもと経営者と同意契約を交わし、約束通りのパフォーマンスを実現できなければ罰として給与カットを受け入れざるを得なくなる。その際、経営者から「そうなることは承知だっただろ」といわれるわけだ。たしかに仕事によってはそうした条件付きアメと鞭を導入せざるを得ないこともあるが、安定したパフォーマンスを実現できるベースとして、「集中して仕事に打ち込める、安心できる環境」というものがなければならない。そしてそこには「意図的に悪いことをしでかさない限り、それ以上はむやみに減らされることのない最低給与ライン」が必要であると思われる。プロ野球で昨年四割の打率で首位打者に輝いて年俸三億円だった野球選手が、今年打率三割切ったらいきなり年俸五〇〇万円を告げられかねないようなシビアな環境では、その年に昨年以上の活躍をすることは難しいだろう。しかし、アメと鞭を振りかざしその効能を過剰に信奉する人は、そうした報酬とプレッシャーさえあれば選手はうまくいくはずであるし、うまくいかないときは「そもそも選手が悪い」と考えがちになる。

たしかに、人はお金をもらえば頑張ろうとは思う。ただし、「成果が上がらなければ給料減らすからな！」というように、鞭の音がひゅんひゅん聞こえるなかで美味しいアメを舐めていても味なんて分かりはしない。それどころか、その場合のアメとしての報酬はインセンティヴというよりはむしろプレッシャーとして働いてしまう。「お前が舐めているその美味しいアメを取りあげられたくなかったら……分かるよなあ？」と脅迫めいたことをいわれて、「わーい！　このアメ美味しいからもっと欲しいなあ。よーし、頑張るね！」とポジティヴに捉えることができる人がいるとすれば、そのような感受性の方がよほどマトモではない。脅迫は「恐怖」と「屈服」、そして「不信」と結びつくものであって、「自律」「成長」「信頼」とはかけ離れたものである。脅迫めいたプレッシャーを与え続けて相手が成長してパフォーマンスを向上させるなどというのは幻想であり、説得力のないストーリーだ。もちろん多くの人は怠惰へと流されやすい生き物であるので、サボりすぎたり組織に迷惑をかけたりしないよう、最低限のルールおよび罰則というものは必要である。給与カットをちらつかせるのも時に必要とはなるだろう。しかし、そうした罰則としての鞭は逸脱行為を防止しパフォーマンスを一定以下に下げないような抑止的・制御的機能はあっても、個々人のやる気や成果を向上させるためにはまた別の内発的動機付け（やりがい、報恩、信頼、使命感など）が必要となるのである。

ゆえに、官僚・経営者・上司・教員・先輩など、「上の者たち」がまず理解すべきは、①インセンティヴとプレッシャーとは必ずしも同じものではなく、その効能も異なるかもしれないこと、そして、②モチベーションとパフォーマンスとは別モノであり、或る程度までは対応していても限度を超えてしまうと、お金によって前者を向上させてもそれに対応する形で後者まで向上するとは限らないどころかその逆も起こり得ること、であろう。以上のことをまとめてしまえば、「給与・報酬とは、その人の功績と実力にそれなりに見合ったものであるべき」という至極当たり前の結論となる。金額が少なすぎると、従業員や選手にとっては「不当に扱われた……」といってやる気を失くしたり転職しようとして職務に専念しないことが起きるし、金額が多すぎると、それを与えた会社・経営者側が過剰な期待とプレッシャーの押し付けを正当化しはじめ、その場合、やる気がある従業員や責任感が強い選手ほど追い詰められ、本来もっている能力を出し切れなくなってしまうこともある。経営者や上司は、部下である従業員が感情をもった人間であること、そして自身がそのような相手と協調しているという事実を忘れるべきではないだろう。

人の成長には時間も手間もかかる

それでも「アメと鞭」理論への信仰心が揺るがない人には、アリストテレスの自然主義的な人間観、およびルソーの『エミール』的な教育観をお勧めしたい。アリストテレスとはアレクサンダー大王の家庭教師をしていた人物で、哲学者プラトンの弟子であるが、師匠プラトンがやや理想主義的であったのに対し、アリストテレスは現実主義的に人間を捉えていた。アリストテレスは哲学者・論理学者であると同時に自然科学者でもあったのだが、彼の『自然学』において、或る存在の特性ともいえる形相《けいそう》（エイドス）は、その存在を構成する物質的な質料（ヒュレー）と結びついた内在的なものとされる。つまり、私たちは元は単なる受精卵であったが、しかしそこには「人間」という形相が内在していたので、さまざまな栄養素をその後供給されることで質料としての身体が次第に作られてゆき、最終的には成人になる。いや、単に成人になるのでなく、成熟した大人になることで「完成」してゆく。同様に、馬は馬の形相を実現しながら速く走れる。そして、アリストテレスは「人間」という形相の完全態として「徳ある人」になると考えていた節がある。まあ、徳にはいろいろあるが（知性的徳・倫理的徳）、おおまかにいえば、人は生得的な感情や欲望をもちつつもそれらをうまくコントロールしながら、実践において具体的な方策がとれるような思慮深さ（知慮：フロネーシス）をそなえるようになり、己のなすべきことをきちんとできる、というわけである（『ニコマコス倫理学』第六巻）。これは人間一般においても職業人においてもそうであり、医者に向いている人が医者を目指す場合には医者としての徳を、教師に向いている人が教師を目指す場合には教師としての徳を実現してゆくことになる。もちろんそこでは、そのときどきに応じた教育・訓練・実践・自覚が必要となる。こうした「適宜」「適時」こそが人間をより良く育てるものであると強調したのが、『エミール』の著者ルソーである。

ルソーは教育を「自然の教育」「事物の教育」「人間の教育」に区分し、それぞれが調和した教育の必要性を訴えるが、とりわけそこで強調されているのは、人為的に行なわれるところの「人間の教育」はあまりにも抽象的であったり実利的すぎたりするので、発達段階においてそれはあまり徹底されすぎてはならない、ということである。なぜなら、もしそれが早期に徹底して行なわれれば、発達段階においてその人（子ども）に自然的に内在しつつ適時物事を感じ取らせて成長させるところの「自然の教育」、そして、その人自身が自身の活き活きとした経験をもとに世界がどうなっているのかを実際の物事から学んでゆくところの「事物の教育」がダメになり、不健全で歪な人間へとその人を作り変えてしまうからである。とりわけ、「なぜそれをすべきではないのか」「なぜそれをするべきであるのか」という事柄について、あまり早いうちから「利」と「理」をもって教え込もうとすると、子どもは小賢しく利益目的でしか動かなくなり、内発的動機を失ってしまうであろうことが指摘されていることは注目に値する（『エミール』第二編）[*6]。

さて、こうしたアリストテレスやルソーの自然主義的な人間観で見習うべき点は、①人は個々にそなわったその可能性を実現する形で成長できること、そして、②その成長のためには最適な要因が必要とされる、ということである。つまり、その可能性をきちんと実現する形で成長するためには、その都度適した教育・刺激を与えないといけない。植物に一度に水や栄養をたくさん与えてもダメなように、適した量・質、そして時期や期間というものがある。日本酒などは或る程度発酵させなきゃいけないのに、慌てて作ろうとすると台無しになるように、人を育てたりやる気を出させようとするためには、適した期間に適した刺激を与え、その人自身の可能性を開花させる必要がある。アメと鞭は或る特定の時期（やる気がなくて脱落・逸脱しようとする時期）には効果があるかもしれないが、仕事に面白みを感じはじめたときにお金をちらつかせたり、処罰や脅迫を突き付けては、本人のポジティヴなやる気を削ぎかねない。少なくとも、自発的にやろうとしている人にそれらをちらつかせてしまうのはコストの無駄であったり、むしろプレッシャーとなってしまうリスクを伴う。人は動物でありナマモノであって、機械などではない。それを理解することなく一方的に刺激を与えるやり方に固執していては、相手を発酵・熟成させるどころか、逆にそれを腐敗させかねないだろう。「人を動かす」「人のパフォーマンスを向上させる」「人を成長させる」ということは、それほど簡単ではないし、自分の力を超えたもの（たとえば「時間」など）にも頼らなければならない、ということである。

他人を操作したり指導したり教育したりするのは結構なことであるが、それと同様に、まず自分自身を振り返り、自分がなすべきことをしっかりと行ない、そして自分もまた学ぶ側として成長していくことを経営者や上司は（教師などもそうであるが）おろそかにしてはならない。

＊1　ただし、この場合の「負の強化子」は、望ましい反応を強制的に引き出すような刺激として積極的に加えられる類のものではない。つまり、当初の問題行動と対であるような負の強化子を徐々に取り除く方向のもとで望ましい行動（規則遵守的行動など）の発生頻度を高めようとするものである。この点を理解していないスポーツの指導者は、コーチングしている選手に常に厳しい罰（体罰や説教）を与えればうまくいくと思い込み、負の強化子を減らそうとすることなく苦痛を与え続け、かえって選手をダメにしてしまうこともある。

＊2　「パブロフの犬」のような実験は、**レスポンデント条件付け**（古典的条件付け）と呼ばれる。生体に対する無条件誘発刺激（よだれを引き起こすエサ）と中性刺激（ベル）の対提示を繰り返すことによって後者が条件刺激へと変化し、それが「ベルを鳴らせばよだれが引き起こされる」という習得性反応を引き起こす。しかし、これを用いた行動改良については、その効能が限定的であったり（すぐにそれが消え去ったり、復活しなかったり）、行き過ぎればトラウマや強迫性障害のような弊害を招きかねないという懸念もある。なにより、複雑な認知的機能をもつ人間の学習行動や反省、さらには成長という面を考慮するならば、それは不十分なものであったといえるだろう。

＊3　もちろん、競争原理を台無しにするコネ社会、成果を考慮せずぐうたらを容認する悪しき年功序列や終身雇用制度は経済成長を妨げる要因でもある。しかし、年功序列や終身雇用にも「企業内の人材育成」や「技術・知識のストック」といったメリットもあること、それに、「アメと鞭」のみに頼るやり方には限界があり、その限界を超えてそれを振りかざすとかえって成長を阻害しかねないことにも注意を払うべきだろう。

＊4　Levitt et al. [2016]、または、ニーズィー（2014）一〇八－一一一頁も参照せよ。

＊5　この場合、正の強化子である報酬は、「減らすぞ！」という表現のもとでは負の強化子の役割を担わされることになる。

＊6　ここでのルソーの議論ではロックの社会契約論の批判が念頭に置かれているようにも読める。つまり、利己的な個々人が社会契約のもと協調的振る舞いをするというロック流のストーリーは自然の人間本性に反するものを多く含んでおり、それを教育論として導入することはかえって教育をダメにする、ということである。

12

報復と赦し

――人間関係で失敗しないためには

他人とうまく付き合うために

他人とうまくやる、というのは正直難しいものである。飲み会などで「今日は無礼講だから、上下関係とかは気にしないで楽しくやろう！」といわれたので、先輩や上司にタメ口をきくと、翌日から「あいつ、調子のってるからダメだな」と陰でマイナス評価されてしまうし、恋人から「言いたいことがあるなら言ってよ」といわれたのでつい思ったことをいってしまうと「ふざけんな！」とキレられてしまう。誰だって人生一度は、「えー？　理不尽すぎるだろ……」という経験があるのではないだろうか。こうした失敗の原因は、相手の言うこと（意味内容）を理解はしているが、相手の感情を理解していないことにある。ゆえにまずは、「私たち」がどんな感情をもち、どんな反応をしやすいのかを確認するところからはじめるべきであろう。

とはいえ、すべての感情を理解していなければ他人とうまくやれない、なんてことはない。たしかに、相手の感情状態やどんな反応をしがちなのかを事前に分かっていれば、「あの人はあれを欲しているんだ。それならそれを与えて満足させてやろう」などという感じで社内で出世したり、あるいはマーケティングで成功したりするかもしれないが、しかしそれでもそれは相手の一面でしかない。他者の複雑な感情、しかも当人自身が気付いてさえいない感情など、他人である私たちには分かりっこないし、「きちんと分からなければ人生やっていけない」なんてこともない。ただし、分からなければまずいことになる感情というものはある。それは、他者の「正義感」や「復讐感情」であり、それが分かっていない人は地雷を踏んでしまい、逆鱗に触れることになる。他人とうまくやれない人は、それを分かっていない人が多く、ときに地雷原でタップダンスを踊っているかのような人もいる。*1 他人と或る程度うまく付き合いたいという人は、他人の正義感や復讐感情をきちんと理解する必要があるだろう。

なぜ人は復讐を求めるのか——正義感と復讐感情

しかし、復讐とは虚しいものであるのに、なぜ人は復讐しようとするのか。一説によると、復讐するとき、人の脳が活性化し、あたかも物を手に入れたときと同様に喜び感じているとのことである(de Quervain et al. [2007])。たしかに、自分にむかつくことをしたやつにやり返すチャンスがやってきたときにはどこか心弾んでいるし、どうやって仕返してやろうかと考えているときは、遠足にどんなお菓子をもっていこうかソワソワしているときの小学生の気分を思い出す。私たちは復讐を考えるとき、ニコチンやチョコレートを手に入れたときのように、脳の線条体の一部が活性化しているが、まさに「復讐は蜜の味」というわけだ。イラつくことをされて、その相手に対する仕返しのチャンスを奪われた人にお酒を飲ませると多量のアルコールを自発的に飲みまくるという事例もある。[*2] もしかするとこれは甘いものでも同じかもしれない。つまり、「復讐は蜜の味」であり、復讐という蜜を味わえないとき、人は別の蜜で我慢しようとするわけである。これについては思い当たる人もいるのではないだろうか。職場で理不尽な上司に叱られたり、思いあがった客にクレームをつけられたサラリーマン、きちんと世話をしているのに患者に嫌味をいわれる看護師、学生から「先生の授業、つまらないんですけど」といわれる教員などは、憂さを晴らすためにお酒・たばこ・甘いもの・買い物などでストレス解消するケースは少なくないだろう。ひどいときは依存症になることもあるかもしれない。

もちろん、そうならないよう私たちはほんのちょっぴり仕返しをすることでストレスを解消することもできる。理不尽な上司や患者の悪口を陰でいいふらしたりなど、ちょっとした「仕返し」によってストレス軽減したり依存症を予防することは自身を防衛する手段といえる。ただし、復讐感情に流されすぎてしまうとそのお代が高くつくこともある。密かな復讐で済ますべき悪口や罵詈雑言をネットに書き込んでバレたりすれば、書いた本人こそが社会的に制裁をくらうかもしれない。それにたとえ復讐がうまくゆくとしても、徹底的にやれば虚しくもなる。「復讐にこんだけエネルギーつぎ込んで……いったい自分は何をしていたんだ」と後悔することもあるだろう。それに復讐するとその仕返しがきて、さらにまた復讐し返す……というように、恨みと憎しみが世代を超えていつまでも連鎖することもある。脳が喜びを感じるためとはいえ、なぜ人はそんなにコストを無視してまで復讐したがるのだろうか。

その大きな要因としては、やはり復讐する当人の「正義感」に関わっているように思われる。「不当な扱いをされた！」とか「権利を侵害された……」とか、「返してもらうべき借りを返してもらえなかった」と感じるとき、人は相手を不正義とみなし、そのツケを払わせようとする。ただ、復讐の源泉たるそうした正義感が客観的に正当である保証はなく、それは主観的・恣意的なものかもしれない。アイドルに対するストーカーなどは「自分はあれだけ応援してあげたのに、こんなつれない仕打ちをするとは……許せない！」といって復讐するかもしれないが、それは通常の正義概念から逸脱した自分勝手なものである。たしかに、正義には互酬性が重要であるが、ストーカー的親切への返礼がないからといってそれが不正義であり糾弾されたり罰されるべきなどということはない。相手の同意も得ず、一方的に相手に恩を売りつけ「自分はこれだけしてあげたのに！　互酬性がない！」とそのお礼を無理矢理回収しようとするのは押し売り犯罪者のロジックだ。しかし私たちは、いつそのようなロジックに溺れてしまうかは分からない。

とりわけ、「権利」というものを安易に振りかざしがちな私人は、法の監視、とりわけ公法の目が行き届かない領域において——冷静に考えればすぐそれが相応しくないと分かるような——常識を逸脱した他者危害的な行為に及ぶことがある。たとえば、病院職員に対する院内暴力調査の結果、回答した病院の半分以上が「被害あり」と答え、「身体的暴力」「精神的暴力」はその六割を超えるものであった。[*3] これはなにも、通院・入院している患者が悪人であることを示しているわけではない。彼らのほとんどは一般人であり、しかもケアされるべき弱者である。しかし、彼らが一般人であるにもかかわらずそうした犯罪行為・不法行為へと及んでしまう背景には、「自分はこんな高いお金を払っているんだから、これくらいは要求する権利はある！」とか「お前ら医療関係者は、俺ら病人からお金を取ったり、税金の補助などを受けておまんま食っているんだから、もっと尽くすべきだろう！」という権利意識、そしてその期待が裏切られたことに対する憤怒があるのだろう。もちろんそのような価値観や権利意識をもつのは思想の自由であり好きにすればよい。しかし、だからといってそれは病院職員に暴行してもいい理由にはならない（これは公務員や駅員に対する暴言・暴行に関しても同じである）。

報復の意義、赦しの意義

人は自分が加害者のときはあまりその行為の悪徳性を認めようとせず、あれやこれやの言い訳を行なう一方、自身が被害者となったときは同じ行為をした相手の言い分に耳を貸さず、その行為の悪徳性を非難しようとする。加害者と被害者との間には多かれ少なかれ認識の違いがあり、だからこそ、当事者間の**モラリゼーション・ギャップ**（道徳的見解の隔たり）はなかなか解消しにくいもので、不毛な争いに発展することもあるし、司法の場においてさえ原告／被告、あるいは検察側／弁護側が互いに本気で対立したりもする。司法の場においてですらそうなのだから、ましてや、法の目が行き届きにくい領域での当事者目線での「当たり前」「権利」「正義」というものはバイアスが入り込みやすい。道徳・正義というものが感情によって是認・否認されるものだとしても、感情的是認・否認がそのまま道徳・正義を示しているわけではない。アダム・スミスが『道徳感情論』でいうように、何が正しくて何が間違っているのかを判断しようとするとき、あまりにも当事者に近い情念状態ではそれは不適切となりうるので、「公平な観察者（impartial spectator）」の観点が必要とされる。しかし、その観点に人が立つことは非常に難しいし、紛争当事者には「もっと自分の言い分を認めるべきだろう！」と不満をもたれることもある。いずれにせよ、正義を実行するという意気込みは結構だが、自身のその行ないがそもそも正義に沿っているかどうかは疑ってみる必要がある。

それに、復讐や仕返しは悪しき連鎖を伴いがちなものである。或る実験では、二人一組のチームをつくらせ、一方の被験者Aがもう一人の被験者Bの指にバーで圧力をかけ、同様の強さでBがAへとそのままお返しをするように指示をして、それを八往復繰り返させた。最後の八回目になるとBがAへとお返しした強さは、一回目にAからくらった強さの約一八倍にもなっていた（Shergill et al. [2003], p.187）。これは、感覚的な「仕返し」において、当事者はやられたことを単にやり返しているつもりであってもそうではないこと、そしてその背後には、自分が相手に与える危害を小さく見積もりがちなバイアスがあることを示している。それに加え、今後の報復合戦を止めたいがための「警告」「脅し」を私たちはつい含めてしまうからこそ、相手にその上乗せ分が「不当な侵害」として受け取られ、より強硬な態度で反発・報復されてかえって復讐の連鎖が続いてしまう。自分が受けた痛みに対する報復としての「おら、返してやるぞ！　お前はこれくらいひどいことを俺にやったんだからな！」のこれくらいとは、相手に対し「いいな！　これ以上やろうとするとそちらが痛い目見るぞ！」という警告分の痛みも含まれがちである。しかし、それが実質的ダメージや精神的プレッシャーを上乗せしている以上、相手はそれをくらったことを踏まえた上で、そこからさらに警告分の痛みやプレッシャーを上乗せするので、それが重なり合えばとんでもないことになる。表向き実害がなくても、プレッシャーと脅しがどんどんレイズされ、緊張が高まって一触即発状態になるのもそういうことである。ともに和平を求めながらも、互いに相手側に「こちらを攻撃するとほら、痛い目にあうぞ！」と分からせようと躍起になるからこそ紛争が泥沼化するケースは、宗教・政治・イデオロギー・人種間での争いにおいて頻繁に見受けられる。もちろん、復讐や仕返しが与えるような「処罰」があるからこそ犯罪行為やタダ乗りが抑止されることもある。実際、見知らぬ人同士で互いに失礼を働かないのも、やり返されるのが嫌だからということもある。しかし、誰かが加害的な一歩を踏み出し、そこから復讐の往復運動が始まってしまえば、当事者同士のみで被害を最小限に食い止め、譲歩・和解することはほぼない。だからこそ、近代以降、第三者（**リヴァイアサン**としての国家権力や司法制度など）が刑罰を独占してきたことで、そうした個人的な復讐の連鎖は或る程度断ち切られ、殺人発生率が減少してきた[*4]。

では、第三者的な権力機構がないときはどうすればよいのか？　友人関係、恋人関係、ビジネス上の取引関係においては、通常自分たちだけでうまくやらなければならないし、よっぽどのことがない限り国家は介入しない。そんなとき、嫌な目にあわされているのに、いつもニコニコ笑ってなすがままにされていては、その後もなめられたりカモられたりして苦労することになるので、相手に「その行為は間違っている」と分からせなければならない。ゆえに（たとえそれがあからさまな復讐ではないとしても）報復的態度をもってそのメッセージを伝えなければならないときはある。しかし、たまたま相手が勘違いしたり調子に乗っていただけで、その後相手が反省してうまくやれそうなのに、うまくやれそうなその相手と絶交したり、あるいは罠にはめて「お互い様だろ」と痛い目にあわせてしまうのは軽率ではないだろうか（短期的にはスカッとするとしても）。つまり、なんでも許してはダメだが、なんでも許さないのもダメ、ということである。なんの罪もない自分の大切な人を場当たり的な快楽目的で殺害した凶悪犯ならともかく、たまたまカチンとくることをしたが反省して謝罪し償おうとするビジネスパートナーや友人に対しては、赦しながら良好な関係を継続した方がよいだろう。すると、「報復」には意義があることを認める一方で、他方、「赦し」にも意義がある可能性が見えてくる。

＊1　踊り方でいえば、盆踊り会場で「好きに踊っていいよ」といわれてブレイクダンスを踊る人がいればそれは場をわきまえていないことになるように、「無礼講だからなんでもいってごらん」と上司にいわれて「常々

思っているんだが、あんたは馬鹿で上司失格だな」といってしまう部下もやはり場をわきまえていないといわざるを得ない。それが感情発露の「場」であったとしても、どんな発露のさせ方をすべきかを理解することは大事なことといえよう。

＊2　ピンカー（2015）二八一‐二八二頁。ただし気を付けるべきは、アルコールを摂取したから怒りが緩和され暴力的傾向が減退するとは限らない、という点である。なお、アルコール摂取と攻撃性との関係を取り扱った論文としては Giancola［2000］など。

＊3　社団法人全日本病院協会［2008］。

＊4　国家権力と暴力減少の歴史についてはピンカー『暴力の人類史』に詳しく書いてあるので参照されたい（暴力減少に関する他の要因として、経済発展に伴う、感情抑制的な協調的態度の習慣化というものも挙げられている）。

13 寛容の重要性
――基準を少し緩める

囚人のジレンマで説明できる「短気は損気」

こちらにずっとタカリをかけようとしたり、こちらを支配下において搾取してやろうとする相手には思い知らせてやる必要があるし、相手が反省しないのであればお付き合いを断つべきである。しかし、「短気は損気」という諺がいうように、ちょっと気にくわないことがあれば交流を断ち切ってしまうのは、再利用可能な人間関係をポイ捨てするような不合理な態度である。

「短気は損気」のもっともらしさについては「**囚人のジレンマ**（prisoner's dilemma）」でも説明可能である。囚人のジレンマゲームとは、二人のゲームプレーヤーはC（相手と協力しようとする：cooperate）とD（協調的関係から離反する＝裏切る：defect）の選択が可能であり、相手がいかなる選択を取ろうと自身がDを取る方がCを取るよりもいずれにせよ利得は大きいので、個々が合理的に

囚人のジレンマ利得表

Yの戦略 / Xの戦略	C（協　調）	D（裏切り）
C（協　調）	（３，３）	（－６，６）
D（裏切り）	（６，－６）	（１，１）

括弧内は，（Xの利得，Yの利得）を意味する

判断すれば常に裏切り戦略を取るべきとなるが、しかし、双方Dを取るよりも双方Cを取る方が互いにとって利得が大きい。つまり、双方が利己的合理性のみに従っていてはかえって不合理な結果となってしまう状況である。[*1] そのバリエーションはいくつもあるが、たとえば、表のような状況であれば、それは囚人のジレンマ状況である。[*2]

さて、これが一回きりのゲームで、相手と二度と会うこともなく、裏切っても仕返しがされないような状況であれば、教科書どおり、両者ともにDを選択することで非協調的状態（D, D）で均衡してしまうだろう。しかし、複数回それが繰り返される状況ではどうであろうか？　たしかに相手がDを取っているのにこちらがCを取り続けていればそれはカモにされるようなものなのでそれを避けねばならないが、[*3] しかし、互いに疑心暗鬼のままそれぞれがいつまでもDを取り続けるよりも、互いがどこかで信頼したり賭けに出たりすることで一致的に協調的なCが一旦採択されれば、互いに（C, C）を取り続ける方が、最初の（D, D）が繰り返されるよりも長期的に見て利益はずっと大きい。たとえ残り回数があと何回か分からない繰り返し囚人のジレンマであっても、そこにおいてはアクセルロッドが推奨する「**しっぺ返し戦略**（Tit-for-Tat strategy：ＴＦＴ戦略）」の有効を見て取ることはできるだろう（Axelrod［1984］；［1997］）。ＴＦＴでは、相手がずっと協力的であればこちらもずっとCを取ることで互いにずっとCのままでいる一方、相手が欲を出してDを行なった場合、裏切られた側は次回はまずDで報復し、相手がそ

の処罰的報復を受け入れた後に改心してCを取るまではずっとDを取る（そうすることで、ずっと相手からカモられないようにする）。相手が改心してCを取ればそのときはよし。しかし、そうでなければその相手は協調する意志がないということで、それ以上カモられ続ける義理もなく、自分もDを取り続ける方が合理的ということになるわけだ。このTFT戦略は応報的な戦略ではあるが、しかし、相手が改心してCを取るようになれば再び協調できる可能性を残している点で、長期的には協調的均衡状態が実現できる。[*4] これは、**トリガー戦略**のように「一度相手がDを取ればそれが非協調の引き金（トリガー）となり、何があっても裏切られた側は常にDをもってその相手を突き放す」というやり方よりも長期的には利得が大きい（このトリガー戦略は「容赦なし」ということで**GRIM戦略**とも呼ばれる）。

より寛容な戦略の有効性

しかし、一方が何気なくちょっと失敗しただけであるのに――たとえば、「アクシデントで約束を守り損ねた」「寝坊して待ち合わせに遅刻した」など――、それが悪質な裏切りのように受け取られてしまうかもしれない状況では、TFT戦略ですらも報復の連鎖が続き、疑心暗鬼が晴れずに、ずっと非協調的関係が続くこともあるだろう。たとえば、両者がTFT戦略を取るとして、その片方が三回目の出会いにおいてたまたま裏切りのような行動をなんらかの拍子で取ってしまった（あるいは相手からそのように受け取られた）としよう。そのとき、繰り返しゲームは以下のようなやり取りが続くことになる。

TFT戦略における報復の連鎖：

	1回目	2回目	3回目	4回目	5回目	6回目……
プレーヤー1	C	C	D	C	D	C
プレーヤー2	C	C	C	D	C	D

両者の応報的やり取りでは利得が生まれない
（一一六頁の利得表でいえば長期的にゼロ利得）

こうした場合、三回目以降において両者が協調的均衡状態へと至ることはなく、互いが「お前が協力しようとしないからこうなってんだろうが！」と罵り合いを続けることになる。表向きはケンカをしていなくとも、十分に協調的かつ相互利益的関係を結んでいるとはいえないときもあるだろう。これではとても合理的な態度とは呼べない。

すると、ⓐ相手が二回連続でDを選択しない限りは自分はCを保持するという（裏切られた側における）さらに寛容なTFT戦略、あるいは、ⓑ自分が先にDを選択してしまった（ように見えることをした）場合、相手からの報復をきちんとツケとして受け入れた上で、それには報復を控えるような（裏切った側における）忍従的な、悔恨するTFT戦略などの方がさらにうまくゆくわけであるし、[*5] 実際私たちは身近な人とうまく協調している場合にはそのように接しているのではないだろうか。

ⓐ裏切られたプレーヤー2における寛容なTFT戦略：

	1回目	2回目	3回目	4回目	5回目	6回目……
プレーヤー1	C	C	D	C	C	C
プレーヤー2	C	C	C	C	C	C

関係はすぐ修復し、長期的に両者は得をする

ⓑ裏切ったプレーヤー1における悔恨するTFT戦略：

	1回目	2回目	3回目	4回目	5回目	6回目……
プレーヤー1	C	C	D	C	C	C
プレーヤー2	C	C	C	D	C	C

最初に裏切った方はその報復を受け入れ、その後長期的に両者は得をする

このように、相手が自分の期待を裏切ったとしても「もしかしたら、相手には悪気はなかったのかも……もう一度だけ様子を見ようかな」と考えたり、あるいは自分が相手に損害を与えた後でちょっとした仕返しをされたとしても、「ぐ……まあ、自分が悪いんだから仕方ないな。きちんと謝罪をして罰を受け入れて仲直りして、またうまくやっていこう」という反省はわりと日常的にありふれたものではないだろうか。このように、応報だけでなく寛容さや赦し、それに悔恨という感情こそが、私たち人間が失敗しながらも他人とうまくやっていける秘訣であるように思われる。とりわけ、ⓑについては、相手の応報感情を理解できるからこそ、感情的になりがちな人間であってもその戦略を採択

できるのではないだろうか（もちろん、純粋に理知的であってもそれは可能なのであろうが）。

結局「反省」がカギになる

こうした寛容さが意味をもつために重要になってくるのは、しでかした人の「悔恨」「反省」であろう。人は自分のしたことは軽く見積もり、他人から受けた損害は重く見積もりがちである。そして、自分が裏切ったり相手を傷つけたくせに、相手からその非道さを追及されたり仕返しをされたりすると「こっちにも事情があったのにそんな言い方しなくたっていいじゃん！」とか「いちいちやり返すなんて心ちっちゃいな！　もう付き合ってられないよ！」と言い返したりもする。ハッキリいえば、この手の人たちは自己愛が強すぎるがゆえに悔恨という感情が希薄であり、ゆえに反省というものをしない傾向にある。自分のしたことを赦すような寛容さを相手に求める一方、自分の行なった違反行為について謝罪や反省をすることなく、相手の行ないに対して非難や報復してばかりでは、「ああ、この人は他人の善意につけこむフリーライダーなんだ……」と思われ、結果的に信頼ある協調関係を築けないまま終わる。そしてそんな人ほど《ほど》、他人とうまくやれないことを相手のせいにしてしまう。とりわけ、きちんと契約した内容や決定事項を反故にして、「自分が約束事を破るのは、お前が過去にむかつくことをしたからだ！」と述べるのは不条理極まりない。そもそも、個々人同士のモラリゼーションギャップによる弊害を防止するように「約束事」「取り決め」というものがあるのに、それを無効化するような形で自身の応報的正当性を持ち出してしまうことはルール違反である。もしあなたが「ちょっと悪いことをしたからといって、なんで俺が謝罪しなきゃいけないんだ。俺をナメるやつは思い知らせてやるぜ！」といって応報的ポリシーばかりを振りかざすとすれば、それは、アメと鞭をもって従業員を操ろうとする勘違い経営者と同様のミスを犯しているといえよう。もしかすると、そんなあなたは、他人があなたについてこないことに関して「物事の善悪が分かっていないあいつらはダメだな……」といっているのかもしれないが、まず「物事の善悪」とはどのようなことか、そして自分自身が考えるそれが、本当に恣意的でないのかどうかを振り返る必要があるだろう。人が人を思いのまま操ることなどそうできはしない。それでも無理矢理操ろうとするとき、相手の目にはあなたがどのように映り、相手の感情には何が渦巻き、それがあなたとのポジティヴな協調関係を構築できるものかどうかを考えてみるとよい。他人を将棋やチェスの駒のように捉え、それを操るプレーヤーのように自分自身を過大評価する人は率直にいって「身の程知らず」であり、そうした勘違いは結果的に自分自身をダメにしていることに気付くべきであろう。

＊1　もちろんこれがジレンマ状況であるためは、①プレーヤーXとYが別の部屋で司法取引を持ち掛けられているような「情報の遮断」、②ゲーム終了後、XとY同士で報復が生じないよう、二度と会わないようにさせるなど「一回切りのゲーム」、などの条件が必要となる（実験室実験を行なう場合には、XとYの互いの匿名性の保証など）。

＊2　囚人のジレンマ状況の定義としては

Xの戦略＼Yの戦略	C（協　調）	D（裏切り）
C（協　調）	R, R	S, T
D（裏切り）	T, S	P, P

このとき、利得の大きさが$T>R>P>S$でありさらに、$2R>S+T$を満たすとき、それは標準的囚人のジレンマ・ゲームと呼ばれる（鈴木［1970］三四頁）。

＊3　相手がDを取り続けようとする以上、自分もDを取り続けるのがベターであって、あえてCへと選択変更すべき理由はない、ということである（これは**ナッシュ均衡**と呼ばれるものの条件でもある）。

＊4　ただし、進化論的な意味でのTFT戦略の有効性については懐疑的意見も寄せられている。とりわけ、アクセルロッドの行なった無期限繰り返し囚人のジレンマ状況のシミュレーションにおいてTFT戦略を取る集団が支配的に安定するはずであるということに関してはいくつかの強い反論・批判がある。批判者の一人であるビンモア（Binmore [2007]）の指摘としては、①アクセルロッドが行なった囚人のジレンマのシミュレーションは、最初に参加していた他の競合戦略の分布によってその結果が変化するものであり、初期状態によっては厳格なGRIM戦略などが勝利することもあること、②ゲームが繰り返されるなか、お人よしな参加者が随時ゲームに参入する状況では、TFT戦略よりもさらに下品な戦略が台頭することもあること、③TFT戦略ではなく、「逆しっぺ返し戦略（Tat-for-Tit）」（最初に裏切り、その後は前回の相手の選択と同じことをし続ける）であっても協調的均衡が実現できること、などがある。実際のところ、アクセルロッドが行なった囚人のジレンマのシミュレーションは（見かけ上は無限回繰り返しのようには見えるが）アクセルロッドにとって期待通りの結果が出るようなタームでの有限回繰り返し囚人のジレンマであって、安定的な支配戦略としてのTFTの最優位性を無限回繰り返し囚人のジレンマ状況のもと進化論的に示すことに成功したとはいえない、ということである。

＊5　こうした議論については、大坪［2015］一九一－二一二頁を参照。

14 共感と冷淡さ

「人の痛みが分かる」ということは大事なこととされているが、これは単なる知的理解というよりは感受性を伴う他者理解としてそのように尊重されているといえる。もし他人の痛みをまさに自分のように活き活きと感じるのであれば、他人にひどいことをして苦痛を与えることは自分を苦しめることと同義であるので、誰もそんなことをしないようになる（と考えられる）。人は快を求め苦痛を避けるので、それはもっともだ。だからこそ、「他人の痛みが分かるようになりなさい！」という教育が実現・徹底されれば、積極的な他者危害というものは減少し社会は平和になってゆくだろう。うむ、素晴らしい。

共感能力はときにマイナスに働く？

だが、ここでよく考えてみよう。本当に他人の痛みに敏感であるとすれば、それはそれで問題ではないだろうか。たとえば、貧困や飢餓に苦しむ人を見ること・想像することが本当に我が事のように実際につらいと思うとき、人はどうするであろうか。積極的に助けようとする人もいれば、それから目を逸らして考えないようにする人もいるだろう。自分に降りかかる苦難に立ち向かう人もいれば逃げ出す人もいるように、自分が痛みを感じるところの他人の苦難に対し、それを少しでも解消してスッキリしようとする人もいれば、それを解消することが難しそうだったりするときはそこから逃げ、そして良心の呵責に苛まれないようにそのことを忘却する人もいる。実際、大勢の人びとが戦争や貧困などで苦しむようなニュースをテレビで見たとき、人びとはそれに食いついてなんとかそれを改善しようと立ち上がろうとするかといえばそんな人は少数派であって、多くの人がチャンネルを変えてそこから目を逸らしている。しかし、だからといって多くの人が血も涙もない利己主義者というわけではない。多くの人も、「かわいそう」という同情、なんとかしてやりたいという慈愛は或る程度そなえている。しかし、「なんともできない……」という無力感とそうした自分への苛立ちゆえに、それを思考し続けることをやめ、別の（楽しい）ことへと視点を移してしまう。ただし気を付けねばならないのは、こうした目を逸らす習慣が定着し、「他人は他人、自分は自分」というカテゴライズが固着しすぎてしまうと、他人に対する冷淡さが強化され、人間らしい共感能力が麻痺してゆくこともある。そして、それはときに社会的分断ともいえるような事態を引き起こす。

詩人であり哲学者のエドウィン・ミュアは、一九三〇年代のグラスゴーのスラムの住人たちの悲惨さと、それを認識しているはずの一般市民の冷淡さ・無関心さを取り上げ、その背後にある微妙な心理を分析する。その著書『スコットランド紀行』においてミュアは、スラムの住民たちは隠れることなくその悲惨な姿をさらして市民に無視されることで、市民に対し一種の「復讐」をしていると主張する。これがどういうことかといえば、一般市民がスラムの住人を直視しないことで彼ら市民は「恥知らず」として生きてゆかねばならず、その良心の呵責から目を背けるために彼らは社会的・経済的成功のみを追い求めるような非人間的な生き方へとますます傾倒してゆく、ということである。そして、その結果「スラムの住民たちはそもそもダメなんだ」「手を差し伸べても無駄だな」という形で、社会的弱者への共感を失い、ますます非人間的になってゆく（『スコットランド紀行』第四章）。こうした現象は、現代社会においてもあちこちに存在しているように思われる。「ふつう」の人間であっても、困窮する他者を無視することはよくあることである。ただし、共感能力がないから冷淡で無関心というわけではなく、心の痛みを感じるような共感能力があるからこそ、そこから目を背け無関心な態度をとり、それを正当化するために（弱者自身の）「自己責任論」、あるいは「自分にはどうしようもない論」をもって、一貫した冷淡な態度をとることもあるのである。逆に、「効果なんてどうでもいいが、少し寄付をすることで世間の評判を得てやろう」という利己的思惑をもった成金や俗物根性の持ち主の方が、焼け石に水と分かっていながらはした金を渡してそれを喧伝しようとし、そんな利己主義者や俗物が動くことによって結果的に貧者が救われることもある。共感は弱者を救う原動力となるかもしれないが、弱者が救われないからといって共感の持ち主が不在であるとは限らないし、さらにいえば、共感しなくとも弱者が救われる場合すらあるのだ。

共感能力が発揮されにくい状況——心理的麻痺

もちろん、「いや、倫理的な共感能力さえふつうにあれば、きちんと貧しい弱者に向き合うはずだ」といいたい人もいるかもしれない。たしかに、他者に向き合い、自分の財産や時間、人生のチャンスを犠牲にしても弱者や貧者を助ける人は倫理的であるに違いない。ただし、「共感能力」というものがそなわっていれば、きちんと倫理的に正しい行為へと人は誘われるものである」という主張はかなり強すぎる。共感能力をもっていてもそれが発揮されにくい状況があるということを、昨今の心理学実験や統計調査は示している。スロヴィックたちが行なった実験では、或る状況では共感が減退してしまう**心理的麻痺**（psychic numbing）の現象が明らかにされた（Slovic [2007], pp.87–88）。

心理的麻痺の実験：

・まず実験協力者にアンケートに答えてもらい、五ドルの報酬を支払う。

・実験協力者が報酬を手にすると、今度はアフリカの食糧危機を説明する二種類の文を読んでもらい、今もらった五ドルのうち、いくら寄付するつもりがあるかを以下のそれぞれのグループに尋ねる。

統計的情報グループ：飢餓状況についての詳細な数字、死亡率などについての統計などが記されているもの（マラウィでは三〇〇万人以上の子どもが飢えに苦しみ、エチオピアでは一一〇〇万人以上が緊急の食糧援助を必要としている、など）

個人特定グループ：ロキアというマリ共和国の七歳の少女の顔写真付きで、個人的事情を記しているもの（「ロキアは貧困家庭の生まれで飢えている。あなたの援助で、ロキアは飢えから救われ、学校にも行けて……」など）

実験の結果、統計的情報グループからの平均寄付額はもらった報酬（五ドル）の約二三％だった。これに対し、個人特定グループからの平均寄付額は、その二倍以上の四八％にのぼった。これは詳細な情報によって示される「その他大勢」の被害者よりも、「まさにこの人が苦しんでいる」と写真によって示されることで「顔の見える犠牲者効果」が働き、特定の被害者の苦痛に同情してしまったからといえる。実際、テレビで被災者の様子が大きく取り上げられるような突発的なアクシデント（ハリケーンや津波、テロ事件など）では多額の寄付が集まる一方、その何十倍もの被災者・被害者がいる恒常的災難（エイズ、マラリア、結核、泥沼化した紛争など）はヘッドラインニュースとはなりにくいし、それを示すかのように、被害規模に比例した寄付金は残念ながら集まってはいないことが統計的に示されている（それどころか反比例気味であった）[*1]。

ただし、心理的麻痺におけるキーポイントとしては、「被害者の顔」だけでなく、「共感に対する統計的認知からの影響」に着目すべきであろう。なぜなら、人は統計的情報のもとでは共感能力が鈍麻し、本来共感すべき他者を「その他大勢」とみなすので、たとえ「顔」が見えていても、それが複数であれば麻痺してしまうこともあるからだ。このことはやはりスロヴィックたちの実験によって確認されている。実験では、①前述の「ロキア」の顔写真付きの寄付の呼びかけ、②「ムーサ」という男の子の顔写真付きの寄付の呼びかけ、そして、③「ロキア」と「ムーサ」両方の顔写真付きの寄付の呼びかけを実施し、いずれのグループの平均寄付額が大きいかを検証した。もし、「苦痛で一人苦しんでいる方よりも、苦痛で二人苦しんでいる方こそを助けるべきである」という功利主義共感原理、および、「顔が見える方が共感する度合が高い」という顔の見える犠牲者効果のいずれもが機能しているとすれば、③への寄付額が大きくなるはずであるが……実験の結果は、なんと③の平均寄付額が一番低かった（Slovic [2007], p.89）。つまり、顔の見える犠牲者が二人以上になると、「その他大勢がいる」という認識が生じ、心理的麻痺が起きはじめるということである。すると、「苦痛で一人苦しんでいるより、苦痛で二人苦しんでいる方こそを助けるべきである」という功利主義的原理は、私たちの実際の共感メカニズムと乖離したものであることが分かる。私たちがより強く共感に動かされ功利主義的アクションを起こすためには、功利主義的正当性の根拠であるところの統計的認識（判断）こそが邪魔になっている、というパラドキシカルな事態がそこにある。もちろん、功利主義者側からすれば、「功利主義的な成果を求める場合、共感メカニズムにそのまま頼りすぎてはならず、冷静かつ客観的になすべきことを計算の上で決断・遂行する必要がある」と主張できるだろう。ただし、そのような功利主義的判断と行為が、情念に縛られる私たちにとって本当に可能かどうかは定かではない。もし、それが正しいと判断しているのにその行為を実行できない、というギャップを埋められないとするならば、大勢のことを考えるのではなく、大勢に含まれるたった一人、目の前にいるその人の「生」を個別的・連続的に見つめることだ（マザーテレサのように）。これはいわゆる「木を見て森を見ず」であるが、それを繰り返しながら一本ずつ木を愛で続けることで森を守ることもできるだろう。

感情に任せた弱者救済の欠点

さて、このような人間本性のもと、私たちはどのようなことを選好し、どのような社会を正当なものとみなすのであろうか。この点について考えてみよう。顔が見える「特定の個人」を重視してしまう私たちの共感メカニズムは、経済合理性に反する選好を示すことが実験によって確認されている。或る実験では、被験者たちに一〇ドルずつ渡し、その後カードを引かせ、一〇ドル没収カードを引いた「被害者」を決め、その被害者と非被害者（一〇ドル保持している）をペアにした。そして、非被害者に「その一〇ドルを被害者へいくら分けるか」を決めてもらうのだが、その際、（i）いくら分けるかを決めてもらってその後でペアにした場合と、（ii）ペアにした後でその人にいくら分けるか決めてもらう場合とで比較した。簡単にいえば、（i）は「これから被害にあうであろう誰か」に寄付しようとするケースであり、（ii）は「すでに被害にあってしまったペアの片割れ」に寄付しようとするケースであり、どちらに私たちが同情しがちであるのかを比較したというわけだ。その結果、寄付金額の中央値は後者の方が約二倍大きかった（Small and Loewenstein［2003］, p.10）。このことは、私たちは「被害にあったあの人」には共感することが多いが、「被害にあうであろう誰か」には共感しにくい、ということを示している。

思うに、こうした共感メカニズムは、功利主義的政策重視の社会主義を批判するような共和党などのアメリカの保守派、あるいは**リバタリアン**の傾向性と一致しているように思われる。彼らにとってそれは私有財産の侵害と同義であり、彼らは政府から多額の税金を徴収されることを極端に嫌う。彼らにとってそれは私有財産の侵害と同義であり、いくらそれを財源として社会保障を充実させようが、それは人びとが自分で稼いだ分のお金について思い通りの使い道を妨げるという点で、ロック流の社会契約論やノージック流の権原理論に反する不正義なやり方なのである。とはいえ、彼ら保守的自由主義者やリバタリアニズムは、「社会的弱者は生きる権利などない」と主張する冷酷な人間かといえばそういうわけではない。彼らは政府によるどこか機械的なやり方での弱者救済などではなく、ボランティアや寄付などによって自らの手で弱者救済したいわけであり、だからこそその権利は手元に残されるべき、と考えるのだ。しかし、このことは一見すると不合理なようにも見える。なぜなら、いずれにせよ「誰か」が被害者になって救済が必要になるのであれば、それが事前であろうが事後であろうが無差別に助けるべきであるし、相応しい額を政府が徴収しようが個人が自分で用意していようが構わないはずである。「政府は不必要な額を徴収し、それを自分自身のために貯めこみ、弱者救済にそれを効率的に回していない」という懸念はあるかもしれないが、だからといって各個人や民間団体の方が効率よく弱者を救済できたりその公平性が信頼できるかといえばそれは分からない。それに、社会保障のように制度的に救済策があらかじめ用意されていれば、地域や人種などの差に関係なく広く弱者へ金銭や食料が配給されやすいが、寄付やボランティア頼りとなると、それにアクセス可能な特定の人たちのみ救済され、そうでない弱者は放置されてしまうかもしれない（たとえボランティアによって救済される人たちが手厚い保護を受けるにしても）。しかし、上記（i）と（ii）のケースにおいて後者が選好されるように、現実に苦しむまさにその人にこそ私たちは同情し、「助けなければ！」という気にさせられる。

誤解してほしくないのは、私は別に「小さな政府」を掲げるアメリカの保守派、あるいはリバタリアニズムが間違っているとかいっているわけではない。自由を尊重し、助けたい人を助ける自由を個人の基本的権利とみなすその主張の倫理性を疑うつもりもない（功利主義的に正当化されずとも、権利基底的に正当化はできるので）。しかし、その倫理性が示す「自由」は必ずしも「弱者」に対して公平であるわけでもなければ、その政治的方策が必ずしも多くの弱者を救う有効なものであるとは限らない。それに、当人たちが「私たちは理性的だ」とか「理性に沿っている」と主張していても、それは人間本性の感情メカニズムに基づいた主張であり、当人たちが思っているよりも合理的ではないのかもしれない。そして、その結果、不公平で非効率的な社会を望んだり、その実現に加担しているのかもしれないのだ。「自由」と「理性」とは、近代以降その結びつきはイデオロギー的に強固なものであり、ロック流の政治思想の背景ともいえるものであるが、そこで想定されている合理的人間モデルと、実際の人間モデルとが一致しているかは一考の余地があるだろう。

＊1　Epstein［2006］, p.51.

15

「みんな」に頼れば失敗しない？

みんなで決めれば大丈夫？——コンドルセの陪審定理

どうしても仲良くなれない人とは距離を取った方がよいが、そうでもない人とはそれなりに良好な関係でいた方がよい。家族や恋人はもちろんのこと、そこまで思い入れがないビジネスパートナーや同じ会社の人、サークル仲間ともできればそうであるに越したことはないだろう。なぜかって？　それは人は独りでは生きてゆけないし、独りよりも集団生活の方が得るものが大きいからだ。狩猟や農作物の収穫だけでなく、モノを販売したり、自分たちの活動をPRして賛同を得たりサポートしてもらうのもそういうことである。スポーツの世界であっても、独りの天才が自分のみの力で頂点に立つことなどはほぼ不可能であり、協力的なスタッフやサポーターの援助が必要となる。これが凡人ならばなおさらのことだ。サークル活動をうまく運営したり、会社がそこそこ儲かることで食いっぱぐれのない人生を送るためにも、チームや組織は重要なものである。なんせ、個人の知識・能力には限界があり、「みんな」はそれを超えた存在なのだから、個人の独断と偏見で何かを行なうよりは、みんなの意見に従う方が良い結果となることは往々にしてある。国家の運営もそうだ。独善的な独裁者が幅を利かせるというシステムよりも、平等な権利をもつ当事者たちがそれぞれの判断に従う形で意見を出し合い集約するような民主主義システムがいいに決まっている。民主主義が支持される背景には、「社会の在り方について、社会成員である「みんな」で決めることができる権利、そしてその議決に参加できる権利を個々人それぞれ有するべきだ」という権利基底主義的理由だけでなく、権力者の恣意的な意志決定よりもみんなが参加する意志決定の方がより確率的により良い結果へと至るという帰結主義的理由がある。[*1] このことを示した、**コンドルセの陪審定理**というものを見てみよう。

　陪審制とは、市民から無作為に選ばれた人が裁判において、証拠や証言をもとに事実認定（被告が本当にその罪を犯したかといった有罪もしくは無罪の判断）などを行なう制度である。最終的には評決となり、全員一致が条件の場合もあれば、特別な多数決をとることもあるが、[*2] 全員が平等な権限をもつ場合、少数派が優遇されることはないので、まあここでは便宜上「多数決」ということにしておこう。この場合、各人の判断というものは、コインを投げて表か裏か、というのよりも高い蓋然性が期待される。というのも、もしそんな一か八か程度の決め方しかできないのであればわざわざ「みんな」で決める必要などはないからだ。ゆえに、「みんな」は最低限の理性をそなえていることが期待される。もちろん、各人は理性的に考えるだけでなく、他人の意見に流されたりしてはならない。さて、分かりやすくハナシを進めるために、ここに陪審員A・B・Cの三人がいるとしよう（一般的には陪審制は六〜一二名程度、アメリカの大陪審では二三名以下であるが）。それぞれの判断能力をあまり高く見積もりすぎると、複数人にて陪審制度に参加する意味がそもそもなくなるので、A・B・

陪審結果とその確率

	それぞれの判断	そのケースが生じる確率
1	三人が全員間違える	$(1-0.6)^3$
2	Aだけ正しく，残りは間違い	$0.6\times(1-0.6)^2$
3	Bだけ正しく，残りは間違い	$0.6\times(1-0.6)^2$
4	Cだけ正しく，残りは間違い	$0.6\times(1-0.6)^2$
5	A・Bが正しく，Cが間違い	$(0.6)^2\times(1-0.6)$
6	A・Cが正しく，Bが間違い	$(0.6)^2\times(1-0.6)$
7	B・Cが正しく，Aが間違い	$(0.6)^2\times(1-0.6)$
8	三人が全員正解する	$(0.6)^3$

Cが正しい判断を下す確率をそれぞれ〇・六とする（いわゆる正解率六〇％）。この場合、陪審結果としては表で示す八つのケースが考えられる。[*3]

さて、多数決がうまくゆくケースとは「三人中、過半数（二名以上）が正しいケース」であるので、それはケース5からケース8の確率の総和となり、この場合、〇・六四八（六五％）となる。これはA・B・Cのいずれか一人が独断で答えを出そうとする場合よりも高く（0.6＜0.648）、さらに人数が増えれば増えるほどその確率は高いものとなる（一〇一人いれば、〇・九七となる）。たとえば、Aが「俺もお前ら（B・C）もたいして判断能力は変わらないんだから、俺一人で決めても構わないだろう?」といったとしても、より多くの人が意思決定に参加する方が望ましいので、やはり三人みんなが多数決で決める方がマシといえるわけだ。このように、多数決に参加する人数が増えるほどに正解率が一〇〇％に近づいていく定理は「陪審定理」と呼ばれる。[*4]「みんなでちゃんと話し合おう!」とか、「みんながきちんと議論に参加すべきだ!」といいたがる人は、ただ綺麗事をいっているのではなく、それなりに理に適ったことをいっているともいえる。

ただし、気を付けなければならないのは、上記の例は「有罪か無罪か」といった二択だったのに対し、現実の政治的決定や会議などではさらに多くの選択肢だったり、あるいは、今後何をすべきかを決めようとするような創造的決定のケースの方が多い、ということである。それに、他人の意見に左右されないという「独立性原理」を満たすためには、他人の意見なしでもそれなりに正解を導き出せるような知性、バイアスの排除、適切な情報が与えられていること、さらには利害関係などが邪魔をしないような理想的諸条件が求められる。デカルトは、人びとが集まり根拠が曖昧なままできあがってしまった学説や法よりも、理性的人間が一人できちんと考えた学説や法の方がマシであると主張している(『方法序説』第二部)。前述のコンドルセの陪審定理も、多数決と民主主義との接合可能性としての「理性」が前提とされるものであって、フランスの近代啓蒙思想というものは、原則的に「個人の理性」というものに期待を寄せていたことがうかがえる。

みんなで決めると逆に危ない?――カスケード効果

しかし、陪審定理のもとでは、人びとが理性に反しているようなことがあれば悲惨なことになりかねない。さきほどの陪審員の例でいえば、個々の判断の正解率Pが〇・五を下回っていると、多数決に参加する人数が増えれば増えるほど集団として間違えやすくなり、正解の可能性は限りなくゼロに近づいてしまう。それに加え、人は個人としてはそこそこ理性的で正しい判断ができるとしても、集団になってしまうとそれが難しくなったり、むしろそれに逆らう判断や振る舞いをしてしまうことすらある。ゆえに、「みんなで決めたから大丈夫!」ではなく、「みんなで決めたからこそヤバいかもしれない……」という可能性も念頭に置く必要があるだろう。

集団心理のもと「みんな」がどんどん間違った方向へと進んでしまう可能性を示すものとして、**「カスケード効果（cascade effect）」**というものがある。カスケードとはもともとは段々状に連なる滝のことであるが、これはつまり、ほんの小さな錯誤や勘違いなどが連なることによって、明らかなバイアス含みの信念を「そうでしかありえない！」というように疑いの余地がない常識として信じ込むようになってゆく集団心理のことである。情報カスケードというものを見てみよう。これは、或る状況を判断する際、個々人が有する合理的判断とは無関係に、先行し積み重なってゆく同一情報・同一意見に流され、集団全体が画一的な判断をしてしまう現象のことであるが、このことを示す「二つの壺」という面白い実験がある。

二つの壺実験[*5]：

・Aの壺には赤ボール二個と白ボール一個、Bの壺には白ボール二個と赤ボール一個が入っている。
・被験者は実験に使われている壺（A or B）を予測し、的中すると二ドルもらえる。
・個々人はボールを引いてその壺がAかBかを予測し、その予測を回答用紙に記入する。
・引いたボールはその都度壺に戻され、壺とそれまでの人たちが回答した結果が記載された回答用紙を渡し、空欄に自分の回答を記入してゆく（前の人たちがどんなボールを引いたかについての情報はなく、単に前の人の回答のみが情報として得られる）。

さて、もしすべての被験者が自分が引いたボールのみを参考にして回答すれば、実験をすればするほどその正解率は六六・六％あたりに近づくはずである。たとえば、私が赤ボールを引いたとしよう。当然、私にとってその壺がAである確率はBである確率よりも高いわけなので、賞金を欲する以上、よりありそうな可能性に賭けて「A」と記入する。その次にボールを引くあなたは白を引くかもしれない。しかし、それは先行する私の判断とは独立的であり、あなたは「B」と予想してもよい。それはあなたにとってまっとうなはずである。もちろん、大数の法則により、ボールを引く試行回数が増えるにしたがって引かれたボールの傾向性から次第にそれがAかBのどちらからしくなってくるので、後半のプレーヤーは自分が引いたものではなく前の人たちに生じた事象（或るボールの色の頻度）を参考にしてもよいのだが、なんせこの実験ではそこまで試行回数は多くないし、それに誰がどんなボールを引いたかについての情報は伏せられている（各被験者は先行被験者の「回答」しか知ることはできない）。とすれば、いずれにせよ各被験者は自分が引いたボールの色に基づいた判断に頼ることで、他人の回答に惑わされる必要はない。では、実験ではどうなったかといえば、結果として、以下のようなパターンを示すようなカスケードが頻繁に確認されることになった。[*6]

【ケース13】

	一人目	二人目	三人目	四人目	五人目	六人目
引いたボール	赤	赤	白	白	白	白
回答	A	A	A	A	A	A

＊実際に使用された壺はB

気を付けてほしいのは、白ボールを引いた三人目が「A」と回答しているからといって、すぐさまその三人目が「不合理」[*7] ということにはならないということである。なぜなら、それは**ベイズ更新**（**Bayesian updating**）の観点からは特に間違ってはいないからだ。これを理解するために、事前確率と事後確率を使用したベイズの定理を紹介しておこう。

所与としての或る仮説Hが正しい確率（すなわち事前確率）を$P(H)$として、或るデータDが見つかる確率を$P(D)$とする。そして、データDが確認されたとき、仮説Hが正しい確率（事後確率）を示す式をベイズの定理とすると、それは以下のように記される。

$$P(H|D)=P(D|H)\times P(H)/P(D)$$

もし仮説が$H_1, H_2 \cdots H_n$と複数あり、データDはそのうちのいずれか一つの正しいものから得られているとするとき、データDが得られると、その原因がH_1である確率$P(H_1|D)$は以下のようになる。

$$P(H_1|D)=\{P(D|H_1)\times \underline{P(H_1)}\}/\{P(D|H_1)\times P(H_1)+P(D|H_2)\times P(H_2)\cdots+P(D|H_n)\times P(H_n)\}$$

→ 下線部は事前確率（データ抽出以前の仮説H_1のもっともらしさ）

さて、これに沿って状況を考えてみよう。まずは、それぞれのケースの尤度は以下のようになる。

$P(H_A|赤)$：赤ボールが取り出されたとき、それが壺Aからの確率………2/3
$P(H_B|赤)$：赤ボールが取り出されたとき、それが壺Bからの確率………1/3
$P(H_A|白)$：白ボールが取り出されたとき、それが壺Aからの確率………1/3
$P(H_B|白)$：白ボールが取り出されたとき。それが壺Bからの確率………2/3

すると、一回目に赤ボールを引いたとき、それが壺Aである確率は以下のようになる。

$$P(H_A|赤)=\{P(赤|H_A)\times\underline{P(H_A)}\}/\{P(赤|H_A)\times\underline{P(H_A)}+P(赤|H_B)\times P(H_B)\}$$[*8]

$$=\{2/3\times\underline{1/2}\}/\{2/3\times\underline{1/2}+1/3\times1/2\}=2/3$$

二回目の試行によってデータを得たのちに仮説を更新するとき、一回目の試行によって得られた事後確率を事前確率として利用する。そして二回連続で赤ボールを引いたとき、それが壺Aである確率は以下のようになる（下線部は一回目の結果としての事前確率）。

$$P(H_A|赤)=\{2/3\times\underline{2/3}\}/\{2/3\times\underline{2/3}+1/3\times1/3\}=4/5$$

ここから分かるのは、一人目が最初に赤ボールを引いたのであればそれがAである確率は2/3であるが、二人目が一人目と同じ赤ボールをまた引いたことで、それがAであるという仮説はよりもっともらしくなったといえる。では三回目に白を引いたときはどう考えるべきであろうか。

二回連続で赤ボールが引かれたのちに、三人目が白ボールを引いたとき、それが壺Aである確率は以下のようになる（下線部は二回目までの結果としての事前確率）。

$$P(H_A|白)=\{1/3\times\underline{4/5}\}/\{1/3\times\underline{4/5}+2/3\times1/5\}=2/3$$

つまり、三回目の試行者は白ボールを引いたが、前二回で引かれたのが二回連続の赤ボールであれば「壺はAである」という確率が高いので（しかし二回目の時点での4/5よりは低くなった）、「使用している壺はAである」と予想することは妥当なのである。しかし四回目に白ボールを引いた人が十分な情報をもちつつベイズ主義的に判断するならば、使っている壺がAである確率は1/2であり、それはBと同様であるので、Aと回答する積極的理由はない。その後に白を引いた五回目の人にとってはいわずもがなであるが、しかし重要なことは、不十分な情報のもと前の人たちがAと回答し続けていることからそうであるに違いないと信じ、カスケードが生じたことにある。俯瞰的に見れば三人目以降からずっと白が引かれているわけであるし、四人目を含むそれ以降の全員が「A」と回答しているのは明らかに不適切なのだが、そうであるにもかかわらず、「みんながこういっているのだから……」というような情報カスケードが働いていることがここでは確認できる。二人目が一人目と同様の回答をすることで同調的傾向が生じ、そこにおいてもはや三人目は抗うことができずにさらに同調する形でカスケードが生じる。先行する回答者の意見の重複というものは予期せぬ形で集団に影響を与えることもあるのだ。

　前述のようなカスケードは、ベイズ更新を行なった「三人目」、そして、自身がもつ（引いた白ボールの）情報に基づく判断形成をしなかった「四人目」の回答によってカスケードが支配的なものとなり、その後、五人目、六人目にまで影響を与えた事例である（ただし、最初の二人における連続的シークエンスこそがカスケードの源泉ともいえる）。さて、カスケードには別のバリエーションもある。ベイズ更新に従うことなく自分の個人情報のみを根拠として回答し、その後それに合致した情報を手に入れた人が同様の回答をしたとき、途中からカスケードが発生することもあるのだ。それは以下のようなケースである（Willinger and Ziegelmeyer［1998］, p.303）。

【ケース14】

	一人目	二人目	三人目	四人目	五人目	六人目
引いたボール	赤	赤	（白と赤）	白	赤	赤
回答	A	A	B	B	B	B

→三人目は二回引いていずれかの回答をする

＊実際に使用された壺はB

この場合、三人目の回答に沿った形で四人目が同じ判断を下すとき、それ以降の五人目と六人目にとってはその判断が「そう考えることはもっともなのかも……」と印象づけられ、その流れができてしまった。しかし、それが結果的に正解である場合もあるが、それが失敗する場合もあるだろう。さらにやっかいなのは、そこに「みんなのいうことに逆らってそれが間違いだった場合、そんな人にはペナルティだよ」などの同調圧力が加えられると、人はもはや自分の意見を主張することができなくなることである。前記「二つの壺」実験に、追加条件として「予想が正しければ二五セント、集団の過半数と同じ予想であれば七五セント、間違いならマイナス二五セント、集団の過半数と異なっていればさらにマイナス七五セント」というものを加えた場合、一例として以下のパターンなどが確認された（Hung and Plott [2001], p.1515）。

【ケース15】

	一人目	二人目	三人目	四人目	五人目	六人目	七人目	八人目
引いたボール	赤	白	白	白	赤	白	白	白
回答	A	A	A	A	A	A	A	A

本当に有益な議論のために

この同調圧力実験のうち九六・七％の割合でカスケードが発生した。これはほんのちょっとしたプレッシャーがあれば、いかに人が「みんな」というものに迎合しやすいかを示している。しかも、その「みんな」というのは、自分より前に意見を述べた人にすぎないわけで、多数派ですらないかもしれない。多数派でもない意見を「みんなの意見」と信じ込み、それに従う方が得策だと考えると、あっという間に人はそれに合流し、それが大きなうねりとなり、本来行くべきではない方向へと集団を進ませてしまう。なんせ、たった一ドル以下のペナルティでさえこうなのだから、人間関係上、異なる意見を述べることがリスキーな場合、つまり、社内やサークル内で有力者に睨まれたりしたくない場合、あるいは、変なやつと思われたくない場合、それまでの「みんな」に対する批判的意見を述べることを人は避けてしまうだろう。たとえその「みんな」の方が変なことをいっているとしてもである。もちろん、それまでの人が実際にどんなボールを引いたかという具体的情報が明るみになっていれば、このカスケードは起こりにくくなる。しかし、個々の回答、すなわち「意見」しか知らされてないとき、人はすでに提示されたその意見に堂々と逆らうことはなかなかできないし、だからこそカスケードが起きてしまう。ゆえに、会議において結論や意見だけをバーンと表に出し、「何か反論がある人?」と問うのは良策ではない。建設的な議論とは論を戦わせるのではなく、テーブルに載せられた案の根拠や、その前提条件ともいえる背景情報などが提示・共有されつつ、熟慮のもとで論じられることこそが大事なのである（できれば事前にそれを知らせておくに越したことはない）。もし

＊実際に使用された壺はB

あなたが先に何かを述べなければならないとすれば、きちんとその根拠や事情などを客観的に述べておく必要があるだろう。

「議論とは戦いだ！」とか、「忌憚なく言い合える仲こそが大事だ」といって、歯に衣着せぬ言い方をして相手をやり込めて悦に入ったり、思慮に欠けた言いっぱなしの放言を無責任に乱発する人もいる。本人は議論を活発にしているつもりであろうが、周囲にとっては迷惑極まりないし、ましてや、それが正解発見問題や、具体的に有効な対策を立てようとするときならなおさらである。大事なことは、その状況をまずはみんなできちんと把握することである。盛り上がったディベートを演出しようとするパネリストならよいが、より良い方策を案出しようとする会議であれば己の意見を過信したり、存在感をひけらかそうとしたり、ゴリ押しして自己承認欲求を満たそうとするのは愚の骨頂である。せっかく議論をしようというのであれば、そこに存在しない幻想の「みんな」をつくりだすことはせずに、本当に全員が自律的かつ積極的に議論に参加できる状況をつくろうとしてほしい。「議論が大事だよね」というのはまさにそういうことなのだから。

＊1　この帰結主義（consequentialism）は功利主義（utilitarianism）を含むものであるが、功利主義であるからといって帰結主義であるとは限らない。功利主義は実際の快苦や選好を所与として合理的・推論的にそれらを計算・集計した上での帰結を重視するが、帰結主義のなかにはそうした所与としての快苦には不適切なもの――下卑た欲望や、社会を衰退させる選好など――が含まれているので、それらを捨象した上での「まともな帰結」を目指すべきである、とする立場もある（この場合の帰結主義は或る意味では理想主義ともいえる）。

＊2　日本の裁判員裁判の場合、総勢九人（裁判員六人と裁判官三人）で行ない、裁判官一人以上を含む五人が有罪と判断すれば「有罪」と認定されることになる。

＊3　ここでの例は、坂井［2015］での陪審定理の説明をほぼそのまま援用している。

＊4　投票者（n）が奇数、その過半数（偶数）をx、各投票者の正解率を等しいものとしてPとおくと、その集団における多数決が正解となるときの陪審定理の公式は、$\sum_{x=(n+1)/2}^{n} {}_nC_x P^x (1-P)^{n-x}$ となる。

＊5　二つの壺実験にはいろいろなバリエーションがあるが、それを用いて、集団におけるその悪影響を分かりやすく説明したものとしてはSunstein and Hastie［2015］。

＊6　Sunstein and Hastie［2015］で言及されているが、下記結果の出典についてはAnderson & Hclt［1997］を参照。

＊7　確率の主観説の立場から、推定したい事柄について、その都度得られる情報を加えつつより蓋然性の高い確率分布を求める推定を行なうこと。

＊8　$P(H_A)$ は、「ここで使用している壺はAである」という仮説のもっともらしさなので、A or B の二択ということで、まず最初の仮説としてはその確率は1/2ということになる。

16

「みんな」で議論すれば大丈夫？

情報を正しく評価するのは難しい

みんなが等しい立場で合理的に判断し、率直にその意見を表明することは重要である。わけ隔てなく議論に参加する、というのは民主主義の基本であるし、みんなが同じくらい情報をもちながらきちんと判断すれば、単純多数決であろうがよりもっともらしい決定を下せることは陪審定理が数学的に示すものである。しかしまさにその「きちんと判断する」ということが難しい。いくらみんながシャイでなくなり、自由に発言し、自分自身の頭で考えたとしても、である。なぜかというと、人は集団になったとたん、個々の情報をきちんと選別し、その妥当性を冷静に判断するということが困難になるからだ。具体的にいうと、集団というものは「みんなが知っている当たり前」の方を重視し、そうでない情報を軽視する傾向があるということである。みんなが意見以前にいろんな情報を共有していたとして、それより有益な情報を誰かが発言したとしても、それは黙殺され、より良い案が導出できないこともある。このように、共有情報を過大評価する一方、知らなかった情報を過小評価するという傾向性はそのまま放置されると危険なものである。「そんなバカな！」と思う人もいるかもしれないが、心理学ではすでにこのことは周知の事実である。

たとえば、以下の「模擬選挙」実験では、適切に情報が共有されればAが選ばれるような学生会長候補A、B、Cのプロフィールを用意し、それを大学生が読んで議論をして誰が適任であるか結論を出してもらった（Stasser and Titus［1985］）[*1]。被験者四人が正解Aに関するポジティヴな情報を最初から或る程度共有している場合と、それぞれがそのポジティヴな情報の一部しかもっておらずそれが議論のさなかに提示されなければならない場合とを比較し、議論を通じて正解に到達できる確率がどれくらい異なるのかを示したものである。

模擬選挙実験

集団1：メンバー四人には関連情報の大半（A・B・Cにそれぞれについて六六％程度）を知らせた。

話し合い前………被験者集団の六七％がAを選好
話し合い後………被験者集団の八五％がAを選好
最終的決断………候補者Aを選出した被験者集団は八三％

集団2：Aの長所に関する情報はそれぞれ断片的に知らされ、全員が共有する情報にはBとCの長所がすべて含まれるようにしておく。

話し合い前……被験者集団の二一%がAを選好（Bへの選好は四六%）[*2]
話し合い後……被験者集団においてAを選好するのは一七%未満へ低下（Bの選好は四七%）
最終的決断……候補者Aを選出する被験者集団は一二%だった（Bを選出したのは五三%）

集団2において、なぜディスカッションでそれぞれの情報を開示できるにもかかわらず、かえって正解率が低くなったのだろうか。それは、集団が話し合いにおいて共有情報が大事にされる反面、そうでない情報の価値が低く見積もられがちだからである。集団2では、一部の人がもっていたAに関する情報は低く評価される一方、BとCといういわば不正解ともいえる候補に関して共有している情報の方を「お！　お前もそれ知っていたの？　そうだよなあ。やっぱ、B（あるいはC）にもいいところあるよなあ」と高めに評価したということである。人は自分が知っていることが話題にのぼると「自分は間違っていなかった」と、その情報とそれを知っている自身への信頼度を強め、自身を含むその情報共有集団を「集団の中心」とみなして尊重する一方、それに反する情報を発信する人を「集団の周辺」とみなして軽視する傾向にある。[*3]恐ろしいのは、間違った情報や偏った情報が「情報カスケード」として積み重なる形で共有・強化される場合、少数派がもつ有益な情報は軽視・無視され、みんなでオープンな議論をした結果、さらに悪い判断へと至ってしまうことであろう。昇任人事などに関する会議をするとき、或る候補者に関する根も葉もないウワサ話がすでに広まっている状態で会議をすると、もしかするとその候補者は適任者であるのに（しかも噂とは無関係で無実の罪であるにもかかわらず）昇進できず、あまり能力がない別の候補者の方が昇進し、その結果、組織の機能性は低下するかもしれない。たしかに個人の能力には限界があるし、個人の判断頼みの組織にはリスクが伴う。ただし、「みんなで相談しよう」もまた別種のリスクを伴うものであり、完全無欠の意思決定などというものはないのかもしれない。しかし、少しでもそれに近づけるためには、私たちがそのようなカスケードに陥りやすいということを自覚し、(他人だけでなく）自分自身がそうでないのかを警戒しておく必要があるだろう。

討論と熟議を通じて正解へと近づく理性的なコミュニケーションの可能性に賭けるのは構わないが、そもそも、自分たちが本当にそのような理性的存在者であるのかを（バイアスぬきで）確認し、もし自分たちがそこまで理性的でないというのであれば、そんな不合理な存在者たち同士がうまくゆくための条件を検討し、それを用意すべきである。いくら当人たちが真摯で慎重な態度で議論に参加していても、或る状況のもとでは人はなかなか理性的な熟議が不可能であることを上述の実験は示しているように思われる。ここから得られる教訓は以下のとおりである。

①会議をはじめる前には、できる限り情報を共有しておくことが望ましい。
②しかし、その共有情報が妥当なものかどうかは議論前に或る程度精査しておく必要がある（共有度=信頼度ではない！）。
③議論開始後に共有されていない情報が提供されたときは、できる限りフェアにその情報を取り扱うよう、個々が慎重な態度をとるべき。
④共有情報を価値判断の根拠として意見を述べる人を「中心」、それ以外を「周辺」とするような区分やヒエラルキーをつくらない。
⑤議決前のミーティングなどでは、賛同・不賛同に関わる「意見」をあまり表に出さない方がよい。[*4]

「みんなそうに違いない」という思い込み

人は保身や自己肯定をする生き物である。もしみんなと違うことをいってそれが外れた場合は非難されたり評価を落としたりするのでそれは避けたい。それに、自分が知っている情報や根拠をその他大勢が口にしていると、「おお、やっぱり俺は正しかった！ さすが俺！」というように、自分自身に関する自己評価が向上する。なんせ人は「自分は平均以上の人間だ」と信じがちな生き物なので、「みんなが知っていること」を自分が知っているという事実は、その「自己高評価」仮説を確証しているように感じられるからである（いわゆる**確証バイアス**[*5]）。しかし気を付けなければならないのは、そんな「みんな」の意見は本当に妥当であるのかということ、そしてなにより、そんな「みんな」が本当に実在するのか、ということであろう（もしかするとそれはカスケードの産物でしかないのかもしれない）。

私たちは曖昧な状況のなか判断を下すとき、論理よりも経験則やそこからの直観を重視した結論を下したり、あるいは仮説形成を行なう。これはヒューリスティック（heuristic）と呼ばれるもので、導出されたものは必ずしも正しい答えとは限らないが、或る程度のレベルで近似的な解を得ることができるし、時間や労力などのコストも節約できる。自己保身や自己肯定にとらわれなくとも、私たちは日常的にそうしがちであり、それは便利で簡単なのであるが、だからこそ、いとも簡単にバイアスやカスケードにとらわれたりする。直観的に「みんなそうに違いない」と私たちは思い込みがちであるが、しかし、そんないるかどうか分からない「みんな」は、強烈な印象を増幅させ、「これって当然でしょ?」という思い込みを集団に固着させるので注意が必要である。ときにそれは当たり前の統計的判断を考慮することなく、あるいは、ちょっと調べれば分かるはずのことも調べることなく決めつけるような認知上の偏り、すなわちバイアスを含みやすい。たとえば、**利用可能性ヒューリスティック**（availability heuristic）というものは、有限な情報収集能力しかもたない個人が陥りやすいものであり、それはなんらかの判断をする際、容易に思い出せる記憶や利用しやすい情報を優先的に頼ったり、それに類似した事象の頻度を実際よりも高めに見積もるものである。これは便利な上に低コストで情報を集めることはできるが、それに頼ってばかりいると、目の前の事象そのものを注意深く分析することを怠りがちになり、印象論ばかりに頼って物事を考えてしまう。

たとえば最近日本で見るニュースが殺人事件ばかりである一方、たまに――ツアーに参加する形で――海外旅行をして、そこでは平和で楽しい経験ばかりすると、「最近の日本は凶悪犯罪の発生率が急増してばかりで、日本の治安は世界最悪だな」と思い込み、海外では「日本よりはマシだろう」と警戒心が薄まり、次回の海外旅行先にてトラブルに巻き込まれてしまうこともある。海外において現地語のニュースから治安状態を確認するのは、日本でそうするより労力がかかるので、低コストで断片的な「平和な国外」情報を利用することに頼り過ぎた結果、判断を誤ることもあるのだ。別の例でいえば、大企業の創始者たちが行なっていた風変りな生活習慣や社内の慣習、先駆者たちが行なっていたリスクを怖れない巨大な資本投下などの「成功の秘訣」であろう。成功者の体験談が記されたいわゆる「経営哲学」や自己啓発本ではとかく強烈な印象を与えがちなエピソードがいっぱいで、いかにも過激で思い切ったことをしなければ成功しないようにも見える。それらを信じ込んでマネをするのはもちろん自由であるが、しかし、それがどのような時代や社会事情、経済状況のもとで行なわれたか、そしてそれをマネしようとする自身の置かれた状況とそれがマッチするのかをきちんと分析しなくては、それを模倣してかえってひどい目にあうことにもなりかねない。そもそも成功して本を書く人はごく少数であるので、同じようなリスキーなことをやって失敗した人がどれくらいいるか（大多数かどうか）を確認することなくただ模倣するのは危険である。

集団内で起こるカスケード

しかし、「それは有限な情報能力しかもたない個人だからそうなるのであって、集団になればそれは互いに補い合えるから、そんなリスクは軽減するはず」と思うかもしれない。だがそうでもない。実は前述のような事例がカスケード化するような**利用可能性カスケード**（availability cascade）というものがあり、その場合、誰もが利用しやすい情報として特定の先入観が共有されてゆくことで、その先入観が集団内で確固たる信条・確信となってしまい、それが現実と乖離してゆくことになる。業界の成功談や失敗談などは特に印象的であるし、自分たちが属する企業の生き死に関わってくるハナシも多いので気になるが、やっかいなことに、それらはあまりにも強烈な印象ゆえに、それ以外の有益な情報を思い出しにくくなる。それだけならまだいい。困るのは、そんな印象論を否定すべく正しく有益な情報を誰かが挙げたとしても、「へー。でも、それはレアケースか君の個人的経験なんじゃないの？　ソースは？　統計はどうなってるの？　え、今詳しくいえない？　そんな曖昧な証拠もない話をここで持ち出されてもねえ……」といわれて過小評価されてしまいかねないことである。しかし、そのように有益な情報のソースや統計的根拠のなさを責め立てる人であっても、自身が賛同する立場に関するソースや根拠は「誰か」が調べたものに依拠していたり、それすらもほとんどなく、仲間内の「みんな」が共有する信念でしかない場合もある。趣味のハナシならばそれでも構わないだろうが、本当に生き残りを図ろうとする企業において、そんなカスケードが起こってしまえば誤った判断をしてしまい、それが致命的なことになるかもしれない。

集団において生じるカスケードには、これまでたくさんつぎ込んだ「サンクコスト」がそれを強化するケースもある。サンクコストにまつわる失敗はビジネスの場において生じがちであるが、その結果、その企業に致命傷を与えたり、被る必要のない損害を広げることになりかねない。たとえば、以下のケースを考えてほしい。

【ケース16】[*6]

あなたは或るスポーツメーカーの最高経営責任者（CEO：Chief Executive Officer）である。現在開発中の靴は、履く人に合わせて負荷を軽減し、陸上競技のタイムも伸ばすことも証明済みであるし、トレッキングで使用しても、登山者に疲れを感じさせることなくしかも滑らない優れものである。現在、完成まで八〇％のところまでこぎつけ、これまで六年の歳月と一億円を使った。一足一万円で販売すれば、一年で元は取れるし、その後は大儲けができるだろう。残り二〇％分を投資しさえすればだが（その場合、二〇〇〇万円くらいかかりそうだが、あと三か月で完成する）。

しかし、同じ規模の別の会社が同様の靴を今日販売しはじめた。機能性はやや向こうが上で、しかも価格は七〇〇〇円だ。

さて、あなたはCEOとして現在の事業を継続しますか？　それとも中断しますか？

【ケース17】

あなたはやはりスポーツメーカーのCEOで、履く人に合わせて負荷を軽減し、陸上競技のタイムも伸ばし、さらにトレッキングで使用しても、登山者に疲れを感じさせることなくしかも滑らない優れた靴をこれから開発しようとしている（現在まだ時間もお金も使っていない）。開発費は全部で一億二〇〇〇万円くらいだろうか。おそらく六年三か月くらいで完成するだろう。

しかし、同じ規模の別の会社が、同様の靴をつくるプロジェクトを今日発表した。先に計画した分だけ向こうができあがるのは早く、その完成は六年後だ。見込みでは、うちが後追いの形で作っても、その機能性はやや劣り、しかも価格は向こうよりも高くなってしまうだろう（向こうは七〇〇〇円だが、その価格での販売はこちらでは不可能で、せいぜい一万円までしか下げることはできない）。さて、あなたはCEOとしてこれから開発を命じるor命じない？

いずれのケースも、一億二〇〇〇万円をかけて六年三か月後のために、ライバル企業のそれと比べてやや不利な新製品を開発しようという点では変わらない。もしケース16においても「いや、儲けられそうだから開発を継続すべきだ」というのであれば、ケース17においてもそう主張できるはずである。ただし、前者ではすでに使用した一億円が大きなネックとなっている。もちろんそれを無視するわけにはいかないが、過剰にとらわれすぎてもいけない。まず、プロジェクトの失敗をきちんと認め、その上でその一億円のうちのいくらかを回収するために事業を継続すべきかどうか、と考えることが重要になってくる。ゆえに、開発を継続し二〇〇〇万を追加投資したあげく、販売を開始しても市場の競争においてコテンパンにされて傷を広げるだけであれば、間違いなく追加投資は控えるべきである。

ここでのポイントはこうである。追加投資してトータル一億円のうち取り返せる額（X円）があるとしよう。このとき、追加投資した際の予想赤字額は「一億二〇〇〇万円マイナスX円」となる。追加投資しなかった場合の赤字額は一億円である。すると、継続することで赤字が少なくなるならば、「もうけ」であるX円は二〇〇〇万円以上とならなければならない。つまり、その商品をマーケットに送り出すことで二〇〇〇万円以上の儲けが見込めないなら、あるいはその二〇〇〇万円が稼げるであろう期間に、それにかかるコストを別のプロジェクトに転用することでそれ以上稼げるというのであれば、現在進んでいるとはいえそのプロジェクトを中止する方が合理的といえよう。そのとき、これまで使った一億円はサンクコストとして追加投資は控えるべき、ということになる。しかし注意すべきは、客観的に考えればもはや行く末が赤字しかないとしても、「いや、もしかすると取り戻せるかもしれない」と思って損失回避的なギャンブル的思考へと「個人」も「集団」も陥りがちな点にある（何かを失う見込みが大きいとき、人は何も失わないことを目指して一か八かの賭けに出ることを選好しがちとなる）。

　気を付けたいのは、自分が着手しているイベントや商品開発の価値をこれまでの苦労や「報われたい！」という期待のあまり実際よりも高く見積もるような**自己中心性バイアス**に人はとらわれてしまうことである。他人がやっているならば「やめておけ」というようなことでも、自分（たち）がそれに取り組んでいたりすると「これは評価されてしかるべきものだ！」とか「これは意義あるものだ！」と固執したりもする。これは集団になればなおさらである。自分たちが行なっていること、すなわち「みんな」が苦労して途中まで成し遂げたことは価値があるので、それを捨てることはもったいないし、捨てるくらいなら「よっぽどの見返り」がないと難しくなるのだ（ここには一種の**保有効果**[*7]も関わっている）。

　そうした集団心理のもと、それを否定して計画の中止を勧めるようなラディカルな意見は裏切り者扱いされたりもする。だからこそ、サンクコストを伴うリスク含みの事業について、現状維持的な「継続」派の意見が提示されると、社内で嫌われるリスクを冒してまでそれに反対しようとはしなくなり、みんな追従ばかりする。それに、継続を否定する根拠を特定の個人がもっていても、みんながそれを共有しているわけでなければ、それを議論のテーブルに乗せても前述の模擬選挙実験が示すように軽視されてしまうだろう。そして、結果的にみんなで不幸になるというわけだ。競争市場においてその事業に固執することが危険と分かっていても、「みんな」の側につこうとする人たちは、「でも、CM戦略や営業のコネなどで巻き返せるさ」とリスク追求的な楽観視をするようになり、その楽観視にマッチした証拠ばかりが取り上げられる利用可能性カスケードが生じる。こうして「みんな」で判断した結果、自分たちが属する企業の傷を広げてしまうことになるわけで、だからこそ集団には、「みんな」にとらわれない批判的意見を述べる役割をもったチームやそれを尊重する指導者、それに外部コンサルタント的な第三者も必要となる。みんな仲良く議論して一致的に正解に到達すればそれは素晴らしいことであるが、しかしそんな「みんな」はもしかすると最初からいないかもしれない。

自称「現実主義者」がはまりがちな理想主義

バラバラな意見を内包する集団成員みんなが理性的に考え、オープンマインドな対話を通じてより良い意見へと収斂的に一致するというストーリーはたしかに理想的である。そして、頻繁にミーティングをやって物事を決めたがる集団は、どこかでそうした理想を抱き、自分たちこそがそれを体現していると信じているようでもある。そうした信念のもと実務家・実践家を自負する人たちからすると、「哲学なんて理想ばかり追い求める頭でっかちの世間知らずがやる学問であって、現実にはなんの役にも立たないよ！」と言いたがるかもしれないが、実はそんな集団ほど、過去の哲学者たちが造り上げた理想に知らないうちに悪い形で浸っていることも少なくない。

人が理性に目覚め、次第に理想的状態を具体的に実現してゆくストーリーについては、哲学でいうところの「即自／対自／即自かつ対自」といったヘーゲル風の**絶対精神**[*8]、あるいは、「下部構造／上部構造」といったマルクス（およびエンゲルス）の**唯物史観**[*9]などがある。面白いのは、「ヘーゲルやマルクスの哲学なんて、時代遅れの理論なんだからまるで価値なんてないよ！」といってその思想を理想主義・空想主義とみなして拒絶するような自称「現実主義者」であっても、「議論をすれば分かり合えるよ！」といって別の空想的な楽観主義に陥っているケースがあるということである。少なくとも、ヘーゲルやマルクスは、個々の現状を踏まえ反省の必要性を提示した上で、楽観主義に陥ることなく不断の努力と克己を伴うような理性的進歩を提唱していたのだが、ヘーゲルやマルクスを時代遅れと笑いとばす自称「現実主義者」たちが、「きちんと議論をすれば分かり合えるよ！　議論が大事だよ！」と自己反省ぬきで安易に信じ込んだり、あるいは「俺の言うことに賛同しないなんて、君たちは何も分かってないな！」と他者否定に執心しているとすれば、そちらの方がよほどお笑いぐさではないだろうか。人間は個人でも集団でもそこそこ合理的ではあり、理想社会へと近づける素養をもっているかもしれないが、元来不合理な生き物でもあるので油断すべきではない。だとすれば、現代の私たちがなすべきことは、どのような状況のもとでその不合理さにはまりやすいか、そして、その対策として何に気を付けるべきかを具体的に考え、自分たちの限界というものを見極め、慎重に思慮深くなることだろう。なんでもかんでも多数決に頼りすぎて議論をすっ飛ばすべきではないが、なんでもかんでも議論をして分かり合おうとしても、その分かり方にすら歪みが入り込み、「みんなで失敗」の危険があることも承知しておいた方がよい。

＊1　それぞれの候補者のプロフィール項目は一六種類（たとえば、候補者Aについては、学生会長の職に関するポジティヴな情報八つ、ネガティヴな情報四つ、ニュートラルな情報四つであるのに対し、BとCはポジティヴな情報四つ、ネガティヴな情報四つ、ニュートラルな情報八つ、など）。すべての情報が議論中に開示され、

総合的に判断するとAが選ばれるように工夫されている。

＊2　BとCはトータルのプロフィール情報では同程度の資質を有しているが、この実験における支持率としてはCはBよりやや劣るものであった（とはいえ、Aよりも高く評価されているのであるが）。

＊3　この点については、『賢い組織は「みんな」で決める』第5章「情報共有のワナ」を参照されたい（前章二つの壺の実験については同書第3章「カスケード効果」にて分かりやすく説明されている）。

＊4　①と②は陪審定理において、それぞれの正解率を〇・五より大きくするための条件、そして、③、④、⑤は陪審定理がうまく機能するような独立性原理と関わる条件といえるだろう。

＊5　確証バイアス（confirmation bias）とは仮説や信念を検証する際にそれを支持する情報ばかりを集め、反証する情報を無視または集めようとしない傾向のこと。その結果、自分にとって都合のよい情報ばかりしか認識できなくなり、そうやって補強された自身の仮説のもっともらしさを、実際よりも多めに見積もる。

＊6　このケース11およびケース12は、モッテルリーニ（2008）六〇頁の例をアレンジしたもの。

＊7　「保有効果」とは、自分が現在所有するものに高い価値を感じ、それを手放すことに強い抵抗を感じてしまう心理効果のこと。たとえば、市場に出ている未使用のマグカップについて「購入してもよいという額」をグループAに回答してもらい、他方、一旦自分のものとなった（前者と同種の）マグカップについてそれをオークションに出すとすれば「いくらで売ってもよいか」をグループBに回答してもらう。すると、グループAが回答する金額よりも、グループBが回答する金額の方が上回ってしまうことがあるが、ここには一種の保有効果が働いているといえる（だからこそ、オークションにおいては、なかなか売り手が満足する値段がつかないものである）。

＊8　「即自」とはそれ自体として存在している未規定な様態。「対他」とは自己内在的な理性が即自的意識を否定する形で対外的・外在的に、いわば、他者との関係上においてその存在が規定されている様態である。たとえば、奴隷をこき使っている主人にとってみると、奴隷がいるからこそその人は「主人」として存在しているので、その在り方は対他的である。主人がこの事実を認識して自分というものを意識したとき、その人は自身に内在していたがいまだ気付かれていなかった理性に目覚める形で「対自」となる。このときはじめて、その主人は、「自分は自分として自分のみにおいて存在している」という自覚的意識をもった対自存在となり、ここにこそ弁証法的な契機がある（『精神現象学』（B）.Ⅳ.A）。

ゆえに対自とは一種の自己回復的・反省的在り方であるが、同様の弁証法的運動を繰り返すことで、最終的には或る状態が「知」として意識されるような「即自かつ対自」の状態へと至る。これは主観と客観が統合された絶対知の状態であるが、これは「自分が精神であることを知るところの精神」という理性的自己意識の実現、すなわち絶対精神を意味する。人びとがこの絶対精神に到達することはいわば「皆が理性に目覚めた」ことを意味するものである。そして、ヘーゲルにいわせると「世界史の本体は精神であり、精神の発達過程」であり（『歴史哲学講義』序論）、絶対精神に到達した世界では完全な自由と平等とが実現されており、これは「世界精神」と呼ばれる（いわば歴史の終着点ともいえる）。

＊9　マルクスによれば、食料や服などの物質を生産する諸関係を含んだものが土台（いわゆる下部構造）となって、政治・法律・モラル・宗教などのイデオロギーである上部構造を規定する（『経済学批判』序言）。たとえば、「自由が大事だよな！」というイデオロギーの持ち主たちが資本主義社会をつくりあげたわけではなく、むしろ、資本主義的生産体制だからこそそのようなイデオロギーが生まれてそれを正当化する政治・法・モラルが存在する、ということになる。これはあたかも、脳という物質が意識状態を実現しているように、下部構造こそが上部構造を規定しているような唯物論的社会観である。ゆえに、ヘーゲルの観念論的世界理解に対してマルクスは手厳しく批判する（『ドイツ・イデオロギー』など）。

しかし、ヘーゲルと類似する進歩主義的歴史観をマルクスはもっていたことには違いない。その文脈において資本主義社会そのものは歴史の一過程にすぎない。原始社会よりも、あるいは封建社会よりもそれは良いかもしれないが、資本主義社会の本質は搾取と矛盾（疎外）であり、それが膨張するにつれて内包していた対立も膨らんでゆき、それまでの社会が崩壊・変革してきたように、資本主義体制のもとでの社会革命は歴史の必然ともいえる形で生じ、その後、共産主義社会のもと人間の自由と平等とが実現する（『ドイツ・イデオロギー』『資本論』など）。マルクスの「唯物史観」とはその唯物論と歴史観とが合わさったもので、人間社会が理想的な状態に行き着くためには、「自由と平等」を（資本主義的体制のなかで）理念として振りかざすだけでは不十分であるので、おおもとの経済生産体制を社会主義的に変革してゆく必要があるということである。しかし、既存のイデオロギーを理念とする現行の政治体制はそれを圧殺しようとするので、それに対し、政治的階級としてのプロレタリアートが自己意識の覚醒を促す形で結束して革命を起こす、ということになる（『共産党宣言』）。

17

「組織」や「社会」とはなんのためにあるのか？

あなたにとって組織や社会とはなんであろうか？　本当はそんなものに所属したくないが、財産や生活が保障されるためにはやむなしと、渋々その一員となっているところのものなのであろうか？　それとも、積極的にそこに参加しつつ、それをより良きものへと変革するような生きがいや責務をその一員として背負うところのものなのであろうか？　「組織とはこういうものだ！」とか「社会はこうあるべきだ！」と語る人はよくいるけれど、いったいその人はなぜそのように考えているのだろうか。人それぞれ目的とするものに応じて、社会に対して請け負うとするところの責務や、社会が果たすべき役割、その権限というものは異なるものである。だとすれば、或る人の労働観・企業観・社会観を理解するためには、まずその人が何を求めているか、そしてそれを目的として定めるところにはどのような背景事情があるのかをきちんと理解する必要があるだろう。

権力と法の正当性——ホッブズ

もしあなたの周辺が常に不穏な雰囲気であれば、あなたは仲間や社会に何を求めるであろうか。すべてが疑わしくて不穏であれば、あなたは誰にも会わないように孤独に穏やかに暮らすことを望むかもしれないが、無人島にでも住んでいなければなかなかそうはできない。あなたは自分を守るためにナイフや銃で武装してもよいが（いわゆる自然状態における自然権を守るための自由の保障）、あなたがすることは他の人もするであろうから、争いの可能性は依然として残っているし、むしろみんなが武装化することで死亡リスクは高まるだろう。いわゆるホッブズ的な「**万人の万人に対する戦い**」というやつである。あなたからするとみんな強盗のように見えるので武装するしかないし、みんなもあなたのことをそのようにしか見ていないので同じようにしている。そんなあなたに残された道は、その西部劇のような世界で強者として生き残るか、なんとかその過酷な世界を「まともな社会」へと変えてゆくしかないが、現実的に考えると後者の方が理に適っているだろう。あなたがいくらナイフの達人や射撃の名手であっても、寝起きを襲われたり、街角を曲がったとたんに集団から一斉射撃されてはたまらない。あなたが身長二メートル以上のマッチョファイターでも、年をとれば衰えてゆく。リスク回避的に考えれば、あなたは信用できる仲間と一緒に最小社会を作り、互いに危害を加えるのを差し控えるようなルールを制定し、安全な社会へと状況を変えてゆく方がよい。しかし、「仲間を作る」「ルールを作る」といっても、自分に銃を突きつけてお金を奪いそうなやつ相手に、「よう！仲良くやろうぜ！」といって自身の銃を捨てたとたん撃ち殺されて財産を奪われてはたまらない。自分ではない誰かがそんなやつを処罰する必要があり、それが可能になってこそその誰かと「仲間」になることができるだろう。つまり、一方が仲良くしようとしているのに他方がそれを台無しにするような行為をした場合には後者を処罰する「仕事人」が必要なのである。そうした仕事人は理念ではなくちゃんと実在し、ちゃんとその執行力を行使するような強大なリヴァイアサンであればよい（それこそホッブズが示唆するような）。そうしたリヴァイアサンが課す法のもと、クライアントたる市民は勝手に殺し合わないように武器使用や報復を規制されることになるし、暴力執行権を奪われたクライアントを脅かしかねない「敵」からみんなを守ることこそがリヴァイアサンの仕事となる。こうした法は個々人の合理性に由来しており、それはクライアントたちすべてを従わせるところの規範性と正当性の両方をそなえている。「これは俺の当然の権利だ！」といって各々が事物・財を無制限に求め、他人を押しのけ（ときに危害を加えても）その欲求を満たそうとする振る舞いは各々にとってもリスクが高いので、合理的な市民同士はそれを差し控える形で合理的に譲歩しようとするが、しかし、そこには強権的な第三者が必要となる、ということだ。

たとえばであるが、「つかみ取り」の仁義なきバーゲンセールを行なうと、みんな他人を押しのけようとして怪我人が出たり、何も手に入れられずに悲しい思いをするお客さんが出るかもしれない。もしそれが生命に関わるセールであれば、何も手に入れられずに敗北することは死を意味するので、より必死に他人を押しのけようとするだろう。万一のために、なるべく多くのものを取ろうとする人も多いだろうし、また、なんの取り決めもないそのような戦争状態であれば、それをやったところで不正義でもなんでもない。しかし、みんながそのように振る舞うからこそ、実際に何も得られない敗者が出てくるし、そしてそれはもしかすると自分かもしれないのだ。もしそこで、お店側が「お一人様一品までです」といって、それ以上奪おうとするお客から余分な分を取り上げたり、他の人にショルダーチャージしているお客をつまみ出すことで、そこに参加する誰もが最低限の利益を手に入れられやすくなるとすればどうであろうか？　そのとき、お店がそのような権力を行使するリヴァイアサンとなることに特に反対する理由などないように思われる。これこそが、ホッブズがその著書『リヴァイアサン』で示した権力と法の正当性でもある。つまり、横並びの当事者同士では解決困難なトラブルがあって困り果てているとき、強権的指導者（たち）に従うこと、あるいは従うべき強制力をもったルール・法を定めたりそれに同意することには正当性・合理性がある。選手のみのミーティングではうまくゆかない状況で監督のリーダーシップに頼ること、教授会で部局同士が足を引っ張り合って人事等が止まっている場合に理事会や学長が強権を振るって裁断を下すこと、或る地域に居を構える複数企業が工業用水を汲み上げすぎて地盤沈下を起こしがちなときに政府が規制することなど、権力側による指導・規制・処罰は、いまだ各当事者が多くを求めすぎたり、互いに足を引っ張り合うような自然状態（無政府的混乱状態）において有効に機能することもある。必ずしも「権力＝悪」ではないのだ。

権力に対する「個人の権利」──ロック

ただし、その第三者的な権力がいつも悪（あるいは、すべて悪）とは限らないとしても、「ときどきは悪」であるかもしれない。賢王が暴君に豹変したり、為政者やその部下がやりたい放題やらかしたりするのは歴史が証明している。たとえ国民の生命を守っている（殺し合いをしないように見張っている）としても、多額の税を徴収して国民生活を苦しめる一方で私腹を肥やす政治家やそれと結託する輩もいるし、年金を国民から徴収しておきながら約束した分をろくに払おうともせず、自分たちの天下り先ばかりを必死に確保しようとする役人もいる。従業員を奴隷のようにこき使い、「雇ってやっているんだ！　のたれ死ぬよりマシだろ！」といって労働者から搾取する非道な経営者もいるだろう。これらのいずれのやり方に対しても、そこに倫理的正当性を認めることはなかなかできない。

　すると、ホッブズ的契約論の妥当性の有効射程はかなり狭いものであることが分かるだろう。当事者たちが相当仲が悪いような戦争状態、あるいは未成熟な社会のなかで最低限の利益（個人の生存や所属集団の維持）を保障してくれる権力者に従うしかない状況ならばともかく、人びとがそこまで仲が悪くなく、自分たちでもそこそこうまくやれるような状況では、強権によるコントロールがかえって自分たちが望む最低限の利益をダメにすることもある。自然法論的にいうならば、当事者たちは生存以外にも「健康」「自由」「財産」といった自然権が法のもとで保障されることを望むので、それを軽視する権力者たちが課すルール・法に従うべき理由というものを見出すことはできない。「雇ってやっているんだからつべこべいうな！」といってパワハラしたり、無理やり残業をさせて精神的・肉体的負担を与える経営者や、「生命を守ってやっているんだから、収入の九九％をよこせ」といって重税をしぼりとる圧政者が課す法には正当性も合理性もない。すると、そこそこ合理的でそこそこうまくやれるときに私たちが従うべきルール・法というのは、私たちの自律性を尊重し、自由な選択やまともな労働環境、私有財産といった「個人の権利」をきちんと守るものでなければならないだろう。

　この論調はロックの『統治二論』にて示された社会契約論である。ロックによれば、自然状態は必ずしも戦争状態ではない。人びとは自分で何か食料を調達したり、あるいは気が合う者同士で協力して何かを生産したり、それを交換したりもする。個々人は好きな労働をする権利があるし（身体の自由と労働）、そのためには長生きしようと思うし（生存と健康）、労働によって得られたものを好きなように使い人生を楽しみたい（占有的な私有財産）。これらはすべて自然状態における各人の権利、すなわち自然権としての基本的権利でもあるので、彼らが権力に従う理由があるとすればそれら諸権利をきちんと守ってくれる限りにおいてである。しかし、権力はときにそれを侵害することもある。たとえば、一八世紀後半、イギリス本国はアメリカ植民地の基本的権利を守ろうとするどころか、いろんなアメリカ産の物品に重税をかけ、本国主導の東インド会社の紅茶に対する関税を撤廃させてアメリカ市場へ独占的に輸出しようとするなど、植民地の自由な商業活動や財産権を侵害する政策を行なったので、[*1]アメリカ植民地はそれに抵抗し合衆国としての独立を果たした。アメリカ独立戦争時にはもちろんロックは生きていなかったが、ロックの社会契約論は、基本的権利を侵害する国家権力への抵抗・革命を含意するものであるし、実際アメリカ独立戦争においてロック理論が与えた影響は無視できないものである。今でもアメリカの保守派は「国家が守ってくれないときは、自分で自分を守るべきだ」と主張し、経済的な自助努力を良しとし、政府の課税には消極的であるし、[*2]銃所持こそを人民の基本的権利として提唱する（アメリカ合衆国憲法修正第二条において人民が武器を所有する権利は不可侵のものとされている）。もし国家が牙をむかなくとも、国家による救済が間に合わない場合もある。屈強な強盗がドアの鍵を壊しはじめると、そこから警察署に電話をしても、警察官が駆けつけるのが間に合わないかもしれない。そんなとき、「もし国家が守らないとき、個人の生命と財産を守れるとすれば、それは個人が武装している場合である」という自力救済のロジックは説得力をもつ。ゆえにこのロジックを採用する限りでは、国家が強力すぎる権力・権限を占有することには否定的であるし、国家の出番は個人ではどうしようもない不埒者の排除という夜警国家的な役割に限定されることになる。このような「人間理性とその自由」の尊重は、他者からの関与・介入を拒絶・排除するような自由主義思想へと広がってゆき、「個人の自由」が尊重されることになった。

とはいえ、このようなロック流の社会契約論と自然権思想が説得力をもつのは、「私たち」がそこそこ合理的であり、他人に危害を加える気がないのはもちろん、集団に迷惑をかけることがない、という前提があってこそのハナシである。しかし、実際のところ、誰がそんな「私たち」であるかを識別することは難しい。少なくとも、すべての集団成員がそんな合理的で倫理的な「私たち」ではないことは確かだ。だからこそ、誰も何も注意しないような職場では、仕事をサボって他人に迷惑かけるやつも出てくるし、みんなが武器をもっていれば、なかにはそれを使った押し込み強盗や無差別殺人も起きる。ロック流の権利概念がいまだ生き残り続けるアメリカでは銃乱射事件が相次いでいるが、そんななかで（子ども二〇人、大人六人が死亡した二〇一三年のサンディ・フック小学校での乱射事件などを受けて）二〇一六年オバマ大統領などが銃規制を表明し、その後、購入時の身辺調査を義務付ける銃規制強化法案が上院にて提出されたが、その動議は否決された。このことをどのように評価すればよいのだろうか。「私たち」のなかに匿名の殺人鬼や荒くれ者が紛れ込んでいるとき、あるいは当の「私たち」でさえもカッとなると相手を傷つけたくなるとき、私たちはホッブズ的な自然状態に放り込まれているといえるのではないだろうか。そんななか、「自身を守るためにナイフや銃で武装すればよい」というロジックはむしろホッブズ以前への先祖返りであるようにも見える。自分で自分を守る権利が意味をもつのは、頼るべき国家が「私たち」以上に頼りないとき、あるいは到底まともではないときであるが、ただし、ロックが想定するほどに私たち市民は理性的でもないし平和的でもない。突発的に凶暴になって隣人とトラブルを起こしたり、気にくわないことがあれば暴動を起こしたり、むかつく同僚の足を引っ張ったりもする。みんなで仲良くうまくやれればよいが、そうではないとき、良い方向に導くよう介入してくる権力システムが用意されているに越したことはない。

ロック流の社会理論が妥当性をもつとすれば、①私たちがそのままでも或る程度うまくやれること、②不遜な権力者を引きずり降ろした後、きちんとやってくれる新しい権力者に代理を頼める民主主義的制度が用意されていること、などの条件が必要といえるだろう。もし今、あなたが「こんな強権的な（ホッブズ的）組織や社会なんて窮屈でやってらんねえよ！」と考えているとして、あなたが置かれているその状況において、その組織がみんなにもう少し自由な振る舞いを認めたとすれば混乱や無秩序に陥らない見込みがあるだろうか？　理想的にはそうであるとしても、現実としてその前提が整っていない限り、ホッブズ的な社会がまだマシということもあるのだ。「個人の権利を軽視している」とか「権威主義だ！」とか「権力機構による抑圧だ！」と批判するのはもちろん構わないが、そこで尊重されるところの権利概念や自由概念が、現実のものとしてどの程度有意義であり「幸福」に寄与するのかは常に議論・批判の対象となりえる。

自分たちのことは自分たちで決める——ルソー

さて、ここでよくよく考えてみると、どこか引っかかる人もいるかもしれない。ホッブズ流であれロック流であれ、共通しているのは「誰かに頼る」というそのスタンスであるが、ここにそもそも問題はないのだろうか。もちろんロックはホッブズ以上にそこに留保を加えていたわけであるが（抵抗権・革命権など）、自分たち当事者の行く末を自分たち以外の人にいくらか委ねようとしていることに変わりはない。これに対し、「自分たちのことは自分たちで決める」と決意し、それを踏まえて理性的に振る舞おうとする姿勢も必要なのではないだろうか。小規模集団なら何をするかをみんなで決めればいいし、大規模集団なら何をするか決める人をみんなでまじめに選び出せばよい。

とはいえ、各人が自分の利益ばかりを考えているとき、そんな「私たち」から代表者を選出したところで、その代表者は特殊利益追求のため、自分を選んだ人たちにとって有利な利益供与的政策を実施する一方、それ以外の人たちの基本的要求を満たそうとしないかもしれない。そのように、公共性が欠落したまま、各当事者がそれぞれ自身の利益のみを追求する意志に従うならば（いわゆる**特殊意志**）、たとえ形式的には民主主義的な多数決もしくは選挙が実施されようと、そこで実現するのは単に多数派の利益を誘導するような政治的意志（いわゆる**全体意志**）と政策的決定でしかない。これは少数派への弾圧ともなりえるし、欲望まみれの多数派によって集団や国家が腐敗したり、環境や国土が破壊されたり、敵対勢力の侵略を許すことにつながることもある。そうならないようにするためには、まず、当事者たちが、自己利益を超越するような「みんなの利益」を考える必要がある。自分のためでも友人のためでもなく、「私たち」のために何をすべきかを考えるべきで、そうした意志（いわゆる**一般意志**）のもとで決定された法や政策は、苦境に陥っている弱者や失敗した仲間を救済したり、必要なときには不当ではない形で税金を徴収したりもするだろう。そうした法や政策は合理的な当事者たちが賛同するであろう正当性・合理性をそなえたものといえる。これこそルソーがその著書『社会契約論』で述べたことであり、たとえるならば、社会を共同経営的な会社のように見立てるものである。おおもとの所属先の会社が傾いてしまうとみんな困るので、多少の不満は我慢してでも、理性的であれば各社員は個人的欲求に負けてサボることなく会社全体に尽くし、それが会社を発展させ、ひいては社員全員の幸福度を向上させるように、社会もまた理性的な市民の社会参加によってそうなるはず、ということである。

　しかし、このルソー流の理念をベースとした社会理論は、ロック以上に「私たち」に多くのことを要求する。まず、利己的な私たちが何かを選択・決定するときにそんな公共心に突き動かされることは稀である。もちろん、選出された集団の代表者であっても特殊利益追求のために動くこともあるので、どうせリスクがあるのなら、他人まかせにすることなく、自分たちのことは自分たちで議論して議決をするような直接民主制がよいのかもしれない（ルソーはイギリス型の代議制を否定し、このような直接民主制を理想としている)。とはいえ、日々の生活のなかで一生懸命働いている人は忙しくて政治のことがよく分からないのにそうした議論や議決に参加しようとすれば、オピニオンリーダーとマスコミとの結託によってポピュリズム的に扇動されたり、前述したようなカスケードが容易に生じてしまうだろう。教育や啓蒙によって市民が多少物知りになろうとも、日々の生活でいっぱいいっぱいの人間が理性的に振る舞えるようになるわけではない。すると陪審定理とは逆のことが起きかねないし、それは衆愚政治となるリスクを伴っている。プラトンはもとより、アリストテレスの『政治学』でも民主主義がそのように堕落する可能性は示唆されている。

もちろん、代議制にだってリスクはある。人は自己中心性バイアスにとらわれがちなので、集団内部において「自分は当然これだけの利益を受け取るべき資格はある」と考えるふつうの(大多数の)人たちは、自分からしてみれば受け取って当然のその利益を与えてくれる仲間・同僚・上司・政治家を応援したり頼ったりする(それを「正義」と信じて)。しかし、自分たちが保障してもらうそうした利益は社会一般的には当然のものなどではなく、自分たち以外の他集団にとってそれは単なる癒着や利益供与と映るかもしれない(いわゆるモラリゼーション・ギャップである)。そして、そんな他人も結局そのように考えて同じことをするので、結局は派閥間での権力闘争・利益闘争が続き、党派的分裂や社会的分断が起きることもあるだろう。ときに少数派の弱者が苦しみ続ける社会となるかもしれない。

サイレントマジョリティを生み出さないために

ただし、利己的な多数派の意向のみが実現するような(J・S・ミルがいうような)「**多数者の専**

制」こそが世の中を動かしているかといえば、そうとは限らない。たとえば、有権者一〇万人の市があり、次年度から水道料金が有権者一人あたり年間二〇〇円程度値上げされることが計画されているとしよう。しかし、地元新聞によると、それは或るＩＴ関連事業へ補助金二〇〇〇万円を出す案が計画されているからであり、その財源として水道料金の値上げをしようというものだった。しかも、実質的にそれは特定のＩＴ企業Ｘに対する優遇措置らしくそこには何か癒着のニオイさえする。それを受けて議会は解散し、その料金値上げとＩＴ関連事業を争点とした選挙が行なわれることになった。おそらくこれだけ聞くと、有権者の大多数はその事業と水道料金値上げ中止を公約に掲げる政治家・政党に投票しそうに思われるが、もし、すべての有権者にとって投票コストが一〇〇〇円以上かかるとすればどうであろうか（交通費が一〇〇〇円かかったり、投票するために時給一〇〇〇円のバイトを一時間以上休まなければならないなど）。年間二〇〇円失うかどうかを争点とした選挙に、一回一〇〇〇円のコストを受け入れてまで出かける有権者はどれくらいいるだろうか。これに加え、癒着を糾弾するビラを配ったり、中止を公約に掲げる政治家を動かしたり応援したりすれば、そのコストはどんどん跳ね上がるだろう。するとよほど正義感から怒りを感じない限りは「まあ、いいや」となるのではないだろうか。他方、当の企業Ｘからすれば、一〇〇〇万円程度を数人の議員にうまく献金し（限度額などの規制はあるが）、さらに有権者たちをもてなしたり、補助金を受け取ったあとで自分の支持者たちに商品をいくらかまけると約束してでも、その議案を通してもらおうと努力するかもしれない。その結果、サイレントマジョリティが「おかしい」と思っているような政策が実現してしまう。このように、少数の利益団体・圧力団体には自分たちを優遇する政策実現のために積極的に活動するインセンティヴがあるので、ときにノイジーマイノリティが群雄割拠し、多数の市民の意向とかけ離れた政策が乱立したり幅を利かせるときもある。「数の力」というのは多数決が成立する決議においては決定的で暴力的かもしれないが、それ以外の場面では、バラバラな多数派よりも、利益のもとで結束した少数派の方がパワフルなこともあるのだ。[*3]

このことはなにも政治や行政だけに限ったハナシではない。会社に所属しながらも会社のことを考えず自分の給与アップや昇進ばかりを考え、上司に取り入ることに労を惜しまない人、会社にとって必要な同僚への嫌がらせをして必死に暗躍する人、社内会議で喚き散らした挙句、嫌な仕事を他人に押し付けてばかりいる自称「きちんとモノをいう人」たちは、はたから見ればバカみたいであるし会社にとって迷惑極まりないので大多数の人にとって共感できるものではないが、彼らは彼らなりの理由とロジック、そしてその根底には独特のアイデンティティをもっており、だからこそそれはど必死にそのやり方に固執する。もちろん、そのやり方は我執ともいえるもので、集団そのものにノリーライドしており迷惑極まりない（ルソーも、それぞれが特殊利益を追求するような党派的集団については否定的であった）。ゆえに、企業であれ社会であれ、その集団がまともに機能して公共的理念が実現するためには、多数派が「マジョリティである」というだけで安心すべきではなく、それぞれが言うべきときはきちんとまともに言うこと、そして、行動すべきときはきちんと行動しなければならない。

すると、ルソー的に組織や社会を捉え、「私たちのことは私たちが良く考え、私たち自身がそれぞれきちんとした意志決定によって決めるべきだ。権威や権力なんていらないよ！」と主張する人たちは、「私たち」の理性がきちんと発揮されるような見込みをどこかでもっていなければならない。もちろん見込みがなくとも、「だからこそルソーのいうように、大多数が一般意志に目覚め、そうした状況を打破するよう行動すべきだ！」という規範的主張をしてもよいのだが、どうせならきちんとその理想は実現できた方がよい。しかしこれまで述べた人間のダメさを考えると、分かっていてもうまくいかないことはかなりある。人間はやはり弱いものなのだ。だとするならば、ルソーの理想を実現しようとする人たちは制度上の工夫をも考えるべきではないだろうか。たとえば、意見表明や投票にかかるコストを減らし、公共のための議論へと前向きに参加するためのインセンティヴを強化するとか、あるいは正論を述べる個人や内部告発者を保護し、不利益を被らないような組織をつくる、などが必要になるだろう。人は自分が権力側に属したりすると、正論を述べる個人に対し、「いちいちうるさいな」とか「協調性がないやつだな」といいたがる。しかし、権力的に庇護された「私たち」がそもそも「公共」の側に立っているかどうかはきちんと考える必要があるだろう。もしかするとそれは本当は多数派ですらないかもしれないのだから。

＊1　これらが積み重なり、一七七三年にマサチューセッツのボストンにて、イギリス東インド会社船舶の積荷である紅茶を海に投げ捨てるというボストン茶会事件が起こり、それをきっかけとしてイギリス本国との間でアメリカ独立戦争が起こった（そして、そこでの紅茶ボイコット運動から、現在のコーヒー文化へと本格的にシフトチェンジしたらしい）。

＊2　保守党を支えるティーパーティ運動のように、「大きな政府」に反対し、税金をベースとした巨額の財政支出を批判する。

＊3　もっとも、少数派の実情を訴えたり、多数派が動かないゆえの停滞を打破するために少数派が動くこともあるので、少数派だからといって必ずしも不正義であったり反公共的であるわけではない。重要なことは、主張内容に焦点を当てるべきところを、「少数派だから優遇すべき」とか「多数派でなければ民意でない」というような極論のもとで、無批判的に是認・否認しないことである。

最終章　「生きる」とはどのようなことか？

自分が欲しいものはなんだ？

私たちはなかなか思うように生きてゆけないし、そもそも、思っているように生きてすらいないかもしれない。このことは本書においていろんな仕方で述べてきた。分かっていることができないことはもちろん、自分が分かっているつもりでやっていることが冷静に振り返ると実は意図していないことをやってたり、自分なりに考えて決断しているつもりが他の人たちにいつのまにか流されていたりなど、「自分らしく生きる」とはまったくもって難しいものである。だいいち、「自分らしく」といっても、そんな自分とはいったいなんなのか？　何を望んで、どんな人生を送ろうと思っているのか？それについて本当に自覚的であるのだろうか。

もし今あなたが「金儲け」を人生の至上命題としているのであれば、あなたはサンクコストに引きずられたりせず、さらに無料のオマケなどにつられて本来必要でないものを購入しないなど、経済合理性のもと徹底的に無駄を省きながら暮らすべきであろう。仮に無駄のように見えるお金を使うとしても、それは誰かとうまく付き合いながらその後のビジネスに活かすための「投資」であって「消費」ではない。最大限のベネフィットを算出するために最低限必要な――表向きは娯楽のよう見えるときもある――ビジネス上のコストを支払うべく、「今」の観点からこれから先を見通して計算的に生きてゆく。これは**ホモエコノミカス**（homo economicus）とも呼ばれる合理的経済人モデルである。

しかし、もしあなたがそれをうまくやりながら、どこか苦痛を感じたり、「全然面白くないなあ……」と飽きが来るとすれば、そのような経済合理的な生き方はあなたにとって理に適っていないということになるだろう。だとすれば、あなたがまず理解すべきは、あなたはお金儲けに関すること以外の感情と欲望をもった人間である、ということである。気付いてほしいのは、お金かそれ以外のいずれか一方が重要なのではない、ということだ。お金もそれ以外も重要であるからこそ、どんなときにお金を重視しつつ、どんなときにそれ以外を重視するか、という「選好（preference）」が人間理解において重要な意味をもつ。誕生日に恋人からお金をもらうよりも、ルイ・ヴィトンの鞄をもらう方が嬉しい。ただし、誕生日に勤務先の社長がヴィトンの鞄をくれるよりも、臨時ボーナスをくれる方がふつうは嬉しいだろう。なぜならそれは、勤務先の社長ではなく、恋人の方こそを非市場的な人間関係のもとで認識しているからである。さらにいえば、そのような選好体系のもとでは、ときに自分に近しい人や自分自身が積極的にコストを被ることすらも喜んで受け入れていることもある。たとえば、通常であれば、自分の財布や恋人の財布からお金が減るよりも、見知らぬ人の財布からお金が減る方がいくらかはマシである。しかし、誕生日に恋人の財布からお金が減る形でヴィトンの鞄をもらう方が、見知らぬ人の財布からお金が減ってそれがヴィトンの鞄となってあなたの元に届くよりも嬉しいかもしれない。そのときあなたは「恋人がお金を出して、自分にプレゼントしてくれる」ということを選好しているのだが、だからといって、恋人の財布の中身が減ってゆくことを望んでいるわけでもなければ、恋人を「便利な財布代わりだ」と思っているわけでもないだろう（本当に「ただの財布代わり」にすぎないならば、そのお金でヴィトンの鞄を買ってもらうことに関し、それが恋人だろうが見知らぬ人だろうが無差別なはずである）。つまり、人の「選好」「行動」の意味をきちんと理解することは、その人の人格を知り、何を大切にしているかを知ることにもつながるのだ。もし、あなたが「自分ってなんだろう？」と自分自身を知りたいとすれば、自分自身が何を選好しているか、そしてその選好はどのような意味をもっているのかを考えるべきである。

ただし、「選好」というものは、あなたが暮らす環境によって定着していたりするので生活環境を変えることでガラッと変わることもあるし、あなた自身がこれから成熟するにつれて変化することもある。たとえば、あなたがこれまでずっとスラム街で育ち、学校に行って勉強することよりも周囲から舐《な》められないことが自分の利益につながるような生活を送っていて、今現在誰からも雇ってもらえていないのであれば、あなたにとっては学校制度や医療制度の充実などはどうでもよく、生活保障費の増大を選好したり、あるいは、「貧乏な自分が一般逆転できるようなカジノを建設しろよ」といったリスク愛好的な選好をもつかもしれない。しかし、誰かがあなたを雇ってくれて定期的にまとまった収入が入るようになり、子どもをもち、将来の見通しがきくようになると、あなたはギャンブルよりも医療や福祉に関心を寄せるかもしれないし、もしあなたがもっと良い職に就こうとトライするも失敗して自分の人生を悔やむようになれば、あなたはスラムそのものを改革すべく政府がお金を投資することを選好するかもしれない（いわゆる社会的選好）。このように、「あれよりもこれの方がよい」という選好は、自身の立場・状況・成熟の度合いによって変わるものであって、或る時点の、しかも、未成熟な時点での選好に首尾一貫してこだわり続けることは、可変的な人生においてその総体をダメにしてしまいかねない。もし、今はもっていなくとも、将来もつであろう（もつべきである）選好があるとすれば、それに早く気付き、それに沿った判断・選択をするに越したことはない。しかし、人の人生一般に共通するそうした理想的選好はあるのだろうか。

人間の「本性（nature）」というものを二〇〇〇年以上考えてきた倫理学においては、成熟した結果、最終的に行き着く先の「理想的な選好」が存在する、とみなす論者は非常に多い。さきほども述べたように選好とは次第に変わるものであるので、一生同じ選好を持ち続ける人はあまりいない。子どものときにはフライドチキンとコーラが好きで、ホウレン草とほうじ茶は嫌いな人でも、五〇歳くらいになれば後者が好きになるかもしれない。ただし、それは個人的趣味ということで人によっていろいろ違いがありえるのだが、生き方の選好についてはどんな人にも或る程度は共通する最終的かつ理想的な選好が「自然にある」と考えられている。少なくとも、古今東西の倫理思想家たちは「ある」と想定した議論をしていたように思われる。彼らによれば、それをもっていなければ人間として不自然であるような、或る意味で理に適った合理的な選好で、それは「理性」によって知られるものである。或る論者はそれを「徳（virtue）」[*1]と呼び、別の論者はそれを「義務（duty）」や「善（good）」、さらにはそれらを「幸福（happiness）」と同一視する人もいる。いずれにせよ、まともな人であればそれを望んだり重視したりするのは当然というものだ。だからこそ、教師は生徒に、あるいは、大企業の社長は社員たちに、「人はより高みを目指すべき」とか「社会の役に立つような人間になりなさい」とのお説教をする。そして説得力をもたせるためにこういうのだ。「そうすればあなたは幸せで悔いのない人生を送れるよ」と。

今の価値観の「外」に「生きる意味」を探してみる

しかし、自己の能力を高めたり社会の役に立つことと、その人が幸福で悔いのない人生を過ごせることとは別問題である。それが楽しいと思えればよいが、本当は他のことをやって楽しみたいのに、そうした欲求を無理に抑圧して鍛錬に明け暮れたり自己犠牲的に振る舞ったりしていると、思わぬときに欲求不満が爆発したりもするかもしれない。それに「モラルに殉じる」という生き方は、美しいだけでなく危険性も孕んでいる。それはときに自分だけを傷つけるのみでなく、身近な人をも傷つけるし、さらには異なるモラルの持ち主も傷つけるかもしれない。

小説『すばらしい新世界』は、子どもは体外受精でつくられ、国家の管理政策のもと生まれもって知能や体格が定められ、それに応じた仕事へ就くよう人間がランク分けされている。人びとは洗脳教育とその後のソーマや大衆娯楽によって不満を感じることなく、哲学・文学などのヒューマニズムを連想させる古典的書物は（表向きは）存在せず、人びとは薬によっていつまでも若さを保ち、人が死ぬときにも誰もが悲しみを経験することなく、いつでも誰とでも性交渉を楽しめる。そこでは特定の誰かを想い、束縛することはモラル的に正しくない。なぜなら「誰もがみんなのもの」だからだ。そうした価値観のもとで生まれ育ったレーニナはそれに殉じているが、しかしその外側で育って連れてこられた野蛮人ジョンはヒューマニズムを好み、そして、一夫一妻的な純愛に――できればレーニナと――殉じたいと願っている（私たちの社会でいえば、多くの人がジョンの側にいることを自称しているように思われる）。世界統制官のムスタファ・モンドは実は野蛮人ジョンの価値観をよく理解しているのだが（実はシェイクスピアにも精通している）、それまでの世界で生じた各種失敗から学んでつくられた統制的な社会政策を重視し、その継続を誓っている。他にもいろんな登場人物はいるのだが、これら三人をはじめ誰もが自身のモラルに忠実に従っている。しかし、彼らが交わるとき、どうしても解消できないすれ違いが生じ、その結果、いくつもの悲しみが生まれる。ジョンに好意を抱くレーニナはジョンと関係を結びたがるが、それは或る意味では「みんな」にジョンを加えようとすることである。もちろん、そこには悪意はないし、むしろ善意だけがあるのだが、ジョンは「そんなのは真の愛ではない!」といって激しく拒絶し、むしろ、レーニナこそが目を覚ますべきだと考える。どちらも或る意味では善人である。そして、そんな社会を管理しているムスタファ・モンドでさえ「みんな」のためにそうした政策を実施しているのであって、登場人物のそれぞれがそれぞれの善意に満ちている。しかし、そうであるにもかかわらず、最後は悲惨な結果に終わってしまう。悪意がない優しい(小説の)世界でさえそうであるのだから、復讐心や集団心理によって動かされがちな現実の人間が、異なるモラルの持ち主に対してどのような態度で接してしまうかは想像に難くない。

しかし、社会や「みんな」は、個人に対し「モラルは絶対守りなさい」と暗に強要する。それはそうだ。守りたくないときには破ってもいい、というのであればそれはもはやモラルではない。モラルとは或る意味では理不尽なもので、計算や打算に還元できないからこそそのモラルであって、それは人びとの心に深く根を張り、人びとの心を根底から支えるものとなる。だからこそ、それを引っこ抜いたり薙ぎ払おうとするような相手に対し、私たちは嫌悪感を覚えるのだ。ただし、問わなければならないのは、①私たちは異なるモラルの持ち主の存在そのものを本当に許せないのかどうか、そして、②自分の今現在を規定するようなモラルや価値観は、本当に自分の根っこであるのか、ということであろう。前者は寛容の問題であり、そして、後者は自身のアイデンティティの問題である。しかし、私たちはどこかで信じ切っているモラルや価値観、理想的アイデンティティを、人生において一度くらいは問い直す必要があるだろう。これまで絶対視していたモラルを一時的でいいので相対化し、「いくつかあるうちの一つの価値観」とみなすことで、あなたはもしかするとあなたのそれとは異なるモラルの持ち主と仲良くなれたり、今の自分を変えてゆけるかもしれない。

どうか勘違いしないでほしい。これは別に「常識を常に疑え」とか「モラルなんて無視しろ」といっているわけではないし、「殺人犯の気持ちを理解しましょう」などといっているわけでもない。いっているのは、もしあなたが信じ込んでいる価値観があなた自身の可能性を制約する形で「生きる意味」を一義的に決めているとき、その価値観の外側においてあなたにとっての生きる意味が本当に存在しえないかどうかを問うてほしい、ということである。

この重要性を提唱した哲学者として有名なのはやはりニーチェであろう。ニーチェは「モラルや徳ある生き方を「真理」として人びとに語る哲学者・道徳家たちを批判し、それに従うことで良き生を送ろうとしている人びとを**畜群**と呼ぶ。ニーチェからするとこの世は畜群道徳で溢れかえっており、キリスト教はもちろんのこと、民主主義、社会主義、それに無政府主義でさえも「道徳的真理によって人びとは救済される」と主張することで人びとを畜群に貶めて弱体化を図る勢力といえる。「万人は平等であり、他人には共感すべきである」と利己性を超越する生き方を説くそれらの教義は、自らの派閥に人びとを囲い込みその内部において「良き生」を保証しつつ、良き生はその中にしか存在しえないと説くようなもので、それは人間の「矮小化」「凡庸化」「価値低落」を引き起こす（『善悪の彼岸』第五章）。つまり、モラルによる囲い込みは人間の可能性に制約を課しているかもしれないのだ。

誤解をしてはならないのは、ニーチェのこの言から「ああ、真の哲学とは反社会的で反倫理的なものなのだな」と解釈してはならないということだ。「世間の価値観なんてくそくらえ」といっている人が「悪人」「犯罪者」、あるいは「反常識」に価値があると思い込んでいるならば、その人もしょせんは他人によって創られた価値にすがっているにすぎない。ニーチェがいいたいのは善悪を超越したところにある「自分の生」へと向かう意志（いわゆる力への意志）に従うことであって、それは「他人が用意したものにすがる」ということでもなければ、また、「他人が用意したものにすがらない」ということにすがることでもない。野球そのものを本当に好きな人は、読売ジャイアンツだからそれがやっている野球を称賛するわけでもなければ、ジャイアンツ以外の野球を無批判的に称賛するわけでもないだろう。同様に、もしあなたが自分自身の「生」を愛そうとしているのであれば、あなたはまず、他人ではなくあなた自身が何を望み、何を意志しているのかについて考えなければならない。他人があなたに求める役割でもなければ、他人があなたに求めない役割でもなく、あなたが未来のあなたにどうなってほしいかをまず問う必要がある。もちろんそれは、孤独のなかでこそ有意味な問いであり、他人に回答を求めることを許さない厳しい自己吟味なのであるが。

　気を付けなければならない。上記のニーチェ、あるいはニーチェ以降の実存主義者たちの力強い思想に勇気やきっかけをもらうのは構わないが、それだって一種の道徳であることを忘れるべきではない。「自分らしく生きなければならない」とそれが教説化して人びとがそれにすがりはじめるとき、それはニーチェが非難していたような畜群道徳・奴隷道徳へと転化し、外側から人の生き方を命じるような指針となってしまいかねない。ゆえに、有名な哲学者たちの格言や思想に惑わされてはいけない。いや、本書の筆者であるこの私が語るこの「惑わされるな」ですら教説になってしまえば、それは人を惑わすものとなるだろう。もちろん、惑わされていても幸せになれる人はいるのだから、それでもいいというのであれば構わないのだが。

「自覚」して「自分の生」を生きよう

しかし、やはり惑わされすぎることには注意してほしい。また、「自分は惑わされてはいない」と思っていながら惑わされることも避けた方がよい。これはなにも、自分の価値観がいつの間にか「みんな」の影響下にあるかどうかに気を付けることだけではなく、「みんな」が何を考えているかについて勘違いしたり、その勘違いのもと誰も望んでいないことをやり続けて、時間やお金、あるいは未来へのチャンスをふいにしたりするということも含まれる。たとえば、飲み会の一次会の後、「みんな二次会に飲みに行きたがっているから、自分が一人だけ「帰ろうか……」とはいえないなあ」と思っているかもしれないが、実はそこにいる過半数が帰りたがっていることもあるだろう。しかし、長く続いている慣習・伝統であれば、それに反する人を「マナー違反」として非難することはありがちである。できれば、人はそうした非難を避けたい一方で、その非難を怖れない人物の不作法な態度を非難したくもなる。自分が守ろうとするものは他人も守るべきであるし、自分が怖れているものは他人も怖れるべきであるのだ。これがモラル特有の性質である「普遍化可能性」と、それに伴う「非難可能性」の恐ろしさである。しかし、自分であまりきちんとその意義を自覚していないモラルに、しかも、誰も本心では尊重していないモラルにとらわれすぎて、「二次会はやめとくよ」といって帰宅する同僚・仲間を非難すべきではないし、そもそも自分自身が行きたくもない二次会へと行ってお金と時間、そして多少の健康を犠牲にするのは愚かであることに気付くべきである。ただしこれはあくまでたとえ話であり、私自身は飲み会も二次会も好きである。もっとも、それに参加しない同僚・仲間を非難したりはしない。私が思うに、本当に二次会が好きであれば「独り二次会」であろうと喜んで行くべきであるし、そうであるがゆえに、自分と意見を異にする他人を恨んだり呪ったりすべきではない。幸せになるためには「みんな」の一致が必要であり、「みんな」が一致していないがゆえに幸せを感じることができずに他人を責めてしまうのであれば、そんな幸せにどれほどの価値があるというのであろうか。

　つまるところ、社会的な価値観に従って生きようが背いて生きようが、哲学者の意見に従おうが背こうが、幸せになる人はなるし、なれない人はなれない。そして、どちらにしても変わらないというのであれば、せめて自分が何をしているかくらいは知っておいた方がよいだろう。自分の人生のなかで誰を守り、誰を傷つけるのか、そして、誰に対して責任をとろうとしているのか、反省しそれらをはっきり意識することで、自分が実際に歩んでいる生き方が見えてくるであろう。大切なのは「自覚」である。自覚がなければ、それはあなた自身のかけがえのない人生とはいえない。そしてその自覚が本当かどうかは他人には判別がつかないが、だからといって、その自覚っぷりを他人にわざわざ説明することもない。他人はあなたについて「解釈」はできても、あなたの自覚を本当の意味で「理解」することはできないからだ。そうした意味では、あなたをはじめ、人は皆孤独かもしれないが、それでよい。あなたの自覚はあなたにとって唯一の価値があるもので、あなた以外の人がみだりに「ああ、それって大事なことだよね」なんて言えるような凡百のものではないのだ。その孤独のなか、「自分の生」を意識しつつ生きること、それこそがあなたにとっての「自由」であり、あなたの本質ともいえる。たとえ幸福を求めて迷路のごとき人生を歩んでいようとも、そして迷路の先には何もなかったとしても、あなただけがそこで気付きうる「自由」だけは――幸福がそれを与えるわけではなく――まさにあなたの自覚こそが与えるものなのである。

＊1　倫理学においては「卓越した性格」と呼ばれるもので、医者には医者の、教師には教師の、というように、個々人において内在する「その人らしい素晴らしさ」ということもできる。

あとがき

正直にいうと、私は自分のことがあまり分かっていない。自分が何に向いているのかも分からないし、自分が今までしてきたことが良かったかどうかも分からない。ときどき「あれをやっといて良かった〜」と思うことはあるが、しかし、機会費用的に考えると、別のことをやっていたり、別の生き方をしていた方が良かったのかもしれない。たしかに今いろいろなものを手に入れているのだが、手に入れられなかったものの方が大きいように感じるときもある。「だったら、なんでその途中できちんと反省し、それを活かそうとしなかったんだ?」といわれそうだが、私なりにその都度細かいことは反省し変えてきたものもあるし、これでもずいぶんマシになったつもりではある（これは自信過剰なのだろうか?）。だが、トータルで振り返ると、「この人生で良かったのだろうか?」と思うことが最近よくある。もっと別の生き方もあったのではないだろうか、と。

だが、こうも思うのだ。何度も繰り返される類似的な取引ならともかく、人生の或る特定時点（時期）における振る舞いや生き方は唯一無二のものであり、過ぎ去ってしまったあとはもう引き返すことはできないとすれば、そもそも「反省を活かしてより良い人生を過ごす」ということが無意味ではないのだろうか、と。小学生時代・中学時代・高校時代・大学時代は「学校」という点では類似はしていても、そこで得られるもの、出会う人、積み重ねてゆける体験というものはそれぞれ異なっている。何がどうなるか分からないこの世界において、小学生時代にうまくいった生き方を大人になるまでそのまま続けてもうまくゆくとは限らないし、むしろやり方を変えることで新しい生き方が切り開けることもあるだろう。しかし、そうはいってもコロコロ変化させていくばかりでは何も身につかずに何者にもなれないこともありえる。それに、或る人が「これでうまくいったんだよ！」と喧伝する手法をあなたが忠実にマネしたとしても、その人が幸運であなたが不運であれば、その人のようにうまくゆくとは限らない。仮にうまくいったとしても、それは単にコピーが世の中に一つ増えただけで、かけがえのない人生（時期）が一つこの世から消えただけなのかもしれない。だからこそ、人生はギャンブルであるし、私たちは日々気付かないうちに何かを賭け続けている、といえるだろう。

だとすれば、過ぎ去ったあとに反省し「ああ、こうしておけば良かった」と思っても、その反省から得られた教訓を次のステージでどう活かせばよいか、あるいは、そもそもその教訓が活かせるものであるのかは**やってみないと分からない**。そしてそんな人生のなか、もしかすると活かせない教訓だってあるかもしれない。たとえば、かけがえのない人との出会いなどについていえば、そもそも代替不可能であるからこそそれは「かけがえのない」人なわけで、その人との関係上、失ったもの・過ぎ去った可能性はもはや取り返しがつかないものである。だからこそ、そんな「活かせない教訓」の価値は「活かせる教訓」のそれとはまた違ったものである。活かせる教訓が「次にもう少しうまくやるため」というように何かを手に入れることを目的とした類似的ケースへの適用可能性をもっているとすれば、活かせない教訓とは「自身の人生はかけがえのない瞬間の連続である」ということ、そして、「そんな人生のなか自身と関わってきたかけがえのないもの」といった自身における真実の獲得・気づきという特徴をもっているだろう。経済学の意義が前者にあるとすれば、哲学の意義は後者にある。そしてそれら両者を接合すると、「過ぎ去ったことをきちんと後悔しつつ自信過剰な自分自身を戒め、どうしようもない過去の痛みを抱えつつも、活かせる反省をきちんと活かす形で今後いろいろ手に入れながら、新たに出会ったかけがえのないもの（かけがえのないこの人生）を大事にしてゆく」ということになるだろう。本書の趣旨はこの点にある。

本書は大きく分けて二つのことを言おうとしている。一つは、現時点での価値観、選好、およびそれらに基づいた方針の「内側」においてうまく目的を実現するための方法。これは、似たような失敗を繰り返さない、最低限の目標に到達するといった、或る程度満足した人生を過ごすための手法であり、経済学的知見を援用しつつ「どうすべきか」「何に気を付けるべきか」ということがハウツー本のように記述されている。そしてもう一つは、そうした価値観、選好、それらに基づく方針の「外側」に踏み出すことで何かを見つける可能性の示唆である。これについては主に哲学的知見を援用しており、今現在の自分の限界を知ったとき、他者および世界への畏敬の念に目覚め、それまでの自分では成しえなかった何か、考えもしなかった何事かを成すこともできるかもしれない。

率直にいえば、こうした本を書けたのは偶然であると同時に、私が自分の外側に（連れ出された形ではあるが）踏み出したことがきっかけであった。二年前に依頼された看護学校での「行動科学」の講義において、最初は教科書どおりの授業をしていたが、あまりにもみんなが退屈そうだったし、私も看護の現場とかには詳しくはないので、私の知らないことを知っている学生をリスペクトするということで、看護学生からいろいろ教えてもらおうと（そして学生たちの愚痴を聞くという感じで）アクティブ・ラーニングを行なった。まず班分けをし、班ごとに実習中の失敗やトラブル、さらにはプライベートでの長続きしない努力やうっかりミスなどについて課題と対策をプレゼンしてもらい、それを行動科学、経済学、心理学、哲学の観点から説明したところ「なるほど！」と喜んでもらえたことがあった（ような気がする。もしかするとこれも自信過剰なのだろうか？）。その講義ノートがまとまり、こんな感じの本になったのだから、人生何が起きるか分からないし、自分が何をしでかすかなんて分からないものである。
本書を執筆して出版するまでの間、とりわけ印象深い出来事が一つあったのでここで述べさせてもらいたい。上記非常勤先の看護学生に対し、本書で登場する「準双曲割引」「機会費用」「プリコミットメント」「サンクコスト」「後悔の傾向性」などをもって人間の流されやすさを説明したのち、私は軽い気持ちで「たとえばダイエットで何回も挫折している人は……すればいいんじゃないかな」と口にしたところ、それを実践した或る学生（Kさん：匿名希望）から二か月ちょいの間に四kgのダイエットに成功したと報告を受けた。私から見るとKさんにダイエットが必要だったかどうかは疑問の余地があるが、本人が喜んでくれているのだから良しとするとして、もし興味がある人はどうか下記に記したKさんのやり方を試してみてほしい（とはいえ、人それぞれなので、ここでは念のためにこういおう。「効果には個人差があります」そして「あくまで個人の主観です」と）。

ポイント：
①ほんのちょっと背伸びすれば届きそうな目標を設定する。
②「いつかやる」「今年中には……」ではなく、効果を確認するための締め切りを短めにもうける（できれば二か月、せめて三か月程度）。
③締め切りから逆算的に「この一週間何をするか」さらに「今日何をするか」をルーティン化して実践する。
④環境を整え、欲求に流される場合には面倒くさいコストがかかるようにしておく。
⑤プリコミットメントとして、そうせざるをえないような状況、そうしなければ「馬鹿みたいだ……」と思えるような状況を設定しておく。

⑥我慢のあとに、ちょっとした欲求充足をセット化しておく。
⑦欲求に流されてしまった後にどうなるか「嫌なイメージ」をもっておく。
⑧他人を頼る。

Kさんのダイエット：

・講義を受けた後（四月半ば）、七月末に着るためのお気に入りの水着を購入（妥当な目標設定、短めな締め切り、すでに支払ったお金はサンクコストであるが、それが無駄にならないよう頑張るしかないというプリコミットメントを実践したといえる）。
・友達と一緒にその水着を着てプールに遊びに行くという約束をして、後には引けない状況をつくる（プリコミットメント）。
・一日の炭水化物摂取量の上限を「おむすびの個数」で設定し、それを食べる（具体的に実際の食事量が分かるような可視化）。
・夕食のあと夜食を食べたくなったら「歯を磨く」（欲求に流されるとき再度労力（コスト）を必要とする状況を設定）。
・学校から下校して夕食をとる間に必ず「歩き」を入れる（「歩く」と「食べる」のセット化・ルーティン化）。
・友達に外食に誘われたとき、「お茶にしよう」といって、お茶に付き合ってもらう（他人を頼る）。

こうやってKさんは無事ダイエットを成功させたようで、その報告を受けた後、具体的に何をしているかインタビューをさせてもらったときも、それらは習慣として定着し、いまだ継続中ということであった（Kさん曰く、辛かったのは始めて三日目までだったらしく、それを超えると楽になったということである）。もちろん、Kさんのダイエットがうまくいったのは Kさんの人柄と努力ゆえであって、私の功績ではないし、私はそもそもダイエットを指導できる能力も資格もない。ただ興味深いのはKさんが次のように語ったことである（筆者によって多少まとめているが基本的には本人談である）。

これまでダイエットを何回も試みたんですがいつも失敗していて「自分はダメだ……」と思っていたんですが、実際のところ、何がダメなのかが実はハッキリと意識できていなかったんです。どこかで「きっとできる」と考えて取り掛かり、そして「今回もダメだった」みたいになって……でも、人が今に流されやすいこと、そしていつも「今くらいは……」といって（先生がいうところの）「現在の泥沼」にハマってしまうこと、これを聞いてなるほどと思ったし、「このままではいやだな」と感じました。その一瞬一瞬は楽だとしても、時間がかなり経ったあと振り返って後悔してしまうこと、これらを授業で説明されてから、漠然とではなく、「具体的にこうしよう！　すぐに実践しよう！」と思うようになりました。

私が思うに、Kさんはそもそも素質があり、努力もでき、人のハナシを素直に聞ける人柄でもあった。これは間違いない。そして、そんなKさんのような人たちは世の中たくさんいるだろう。しかし、そんな人たちであっても「人がどんな傾向をもっているのか」ということ、そして「自分が何をしてしまいがちなのか」ということを知らなければ、「ま、大丈夫だろう」という楽観視と「うまくいかなかった……」という失意と自己嫌悪の繰り返しとなってしまうのだ。ゆえに、学問を学ぶこと、そしてそれを通じて人間を知り、自分自身を知ることにはやはり大きな意義があるといえるだろう。もちろん、Kさんが私の授業に耳を傾けたのはダイエット目的だったわけではないし、私だって自分の授業内容がそのように活用されるなどとは思いもしなかった。しかし、それによって恩恵を受けた学生が一人でもいるならそれは喜ばしいことであるし、学問が誰かに良き変化をもたらす可能性を再確認できたことは感動ですらあった。授業にきちんと耳を傾け、率直に報告してくれたKさんにはたいへん感謝している。また、Kさんのみならず、私が講義を担当するいくつかの学校の学生ならびに関係者、その他各団体の方々にも謝意を表明しておきたい。いろいろな機会をいただいているからこそ私は研究の幅を広げ、今までできなかったこと、やろうとすら思わなかったことを成すことができた。釧路市立高等看護学院、釧路孝仁会看護専門学校、釧路労災看護専門学校、北海道教育大学釧路校、北海道中小企業家同友会くしろ支部幹部大学、そして本務校の釧路公立大学の関係者各位に感謝申し上げたい。

また、本書の執筆にあたり、(現)東海大学の林良平先生にはご多忙のさなかたいへん有益なコメントをいただくとともに、私の根本的な勘違いをいろいろとご指摘いただいた。林先生は経済分野に関する私のメンターであると同時に、私が哲学以外の分野へと広く興味をもつきっかけとなった恩人でもある。思うに、これまでずっと私の方が一方的に彼からもらってばかりでありそこに相互的利益は存在しないようだが、それは私と彼との関係が市場的なものではない非市場的なものだからだろう。お金でお礼をするのはむしろ失礼にあたるので、「いつもありがとうございます。今度一杯おごりますね」とだけここでは伝えておきたい。また、本書のように、哲学とも心理学とも経済学とも政治学ともつかないような本を出版するというチャレンジングな企画にのっていただいたナカニシヤ出版、とりわけ担当者の石崎雄高さんには厚く感謝を申し上げたい。前作『カラスと亀と死刑囚』に引き続き、いまだ無名のこんな私が書いたものを高く評価していただいたことは身に余る光栄であり、その期待に値するような研究者となるよう今後も精進してゆきたい。

さきほど、私は「自分のことがあまり分かっていない」と述べたように、これまでの自分の人生が正しいかどうか分かってはいない。そして、自分が今していることが正しいかどうか、そして、今からしようとすることが正しいかどうかも実は分かっていない。しかし、そんな私がここで一つだけいえるとすれば、それは、「私と出会った人が——私が他人に対してそうであると同様に——私と出会ったことを誇りに思えるような人間になるため、できることを一生懸命やろう」ということである。もちろん、私のそうした生き方は、結局は時間や労力の無駄かもしれないし、評価どころか見向きもされないかもしれない。しかし、それは私が関与しえないことであるし、そもそも何かやればそれが「うまくゆく」とか「他人から認めてもらえるはず」と信じるほど私はウブでもなければ自信過剰でもない。私としては、これからも少しずつではあるが自分ができることをこなすなか、自分の人生を創ってゆくだけである。そのことが、自分とすでに関わりをもった大事な人たちに喜んでもらえれば嬉しい限りだが、それと同時に、今まで関わりのなかった「誰か」へとつながり、その人の心にほんの少しでも細波《さざなみ》を起こすことができれば、それもまた私にとっての「幸せ」である。

versity Press, pp.205‒470（ミル，J. S. 著／水田洋訳（1997）『代議政治論』岩波書店）.

――――［1861b］（2008）“Utilitarianism,” in *On Liberty and Other Essays*（*Oxford World's Classics)*, New York: Oxford University Press, pp.131‒204（ミル，J. S. 著／川名雄一郎・山本圭一郎訳（2010）「功利主義論」『J・S・ミル　功利主義論集』京都大学学術出版会，255‒354頁）.

――――［1859］（2008）. “On Liberty” in *On Liberty and Other Essays*（*Oxford World's Classics*）, New York: Oxford University Press, pp.5‒130（ミル，J. S. 著／塩尻公明・木村健康訳（1971）『自由論』岩波書店）.

モッテルリーニ，マッテオ著／泉典子訳（2008）『経済は感情で動く――はじめての行動経済学』紀伊國屋書店.

ミュア，エドウィン著／橋本槇矩訳（2007）『スコットランド紀行』岩波文庫.

中村隆文［2015］『不合理性の哲学――なぜ利己的なわれわれは協調できるのか』みすず書房.

ニーチェ著／木場深定訳（1970）『善悪の彼岸』岩波文庫.

大坪庸介［2015］「仲直りの進化社会心理学――価値ある関係仮説とコストのかかる謝罪」『社会心理学研究』第30巻第3号，日本社会心理学会，191‒212頁.

Parfit, D.［1984］（1987）*Reason and Persons*, Oxford: Clarendon Press（パーフィット，デレク著／森村進訳（1998）『理由と人格――非人格性の倫理へ』勁草書房）.

ピンカー，スティーブン著／幾島幸子・塩原通緒訳（2015）『暴力の人類史』青土社.

プラトン著／藤沢令夫訳（1979）『国家』（上・下）岩波文庫.

社団法人全日本病院協会［2008］「院内暴力など院内リスク管理体制に関する医療機関実態調査」報告.

Hume, D. [1739-40] (1978) *A Treatise of Human Nature* (*1739-40*), edited by Selby-Bigge and revised by Nidditch, 2nd edition, Oxford: Clarendon Press. (ヒューム，デイヴィッド著／木曾好能・石川徹・中釜浩一・伊勢俊彦訳 (1995-2012)『人間本性論』第一巻〜三巻，法政大学出版局).

Hung, A. A. and Plott, C. R. [2001] "Information Cascade: Replication and an Extension to Majority Rule and Conformity-Rewarding Institutions," *American Economics Review*, 91, pp.1508-1520.

池田新介［2012］『自滅する選択――先延ばしで後悔しないための新しい経済学』東洋経済新聞社.

Kahneman, D. & Tversky, A. [1979] "Prospect theory of decision under risk," in *Econometrica*, 47, pp.263-291.

Levitt, S. D., List, J. A. and Sadoff, S. [2016] "The Effect of Performance-Based Incentives on Educational Achievement: Evidence from a Randomized Experiment," in *National Bureau of Economic Research*, No. 22107.

Levy N. [2011]. "Addiction, Responsibility, and Ego Depletion," in *Addiction and Responsibility*, eds. Jeffrey Poland and George Graham, Cambridge, Mass: The MIT Press, pp.89-111.

Libet, B. [1985] "Unconscious Cerebral Initiative and the Role of Conscious Will in Voluntary Action," in *Behavioral and Brain Sciences*, 8, pp.529-566.

Locke, J. [1690] (2010) *Two Treatises of Government*, edited by Peter Laslett, Cambridge: Cambridge University Press (ロック，ジョン著／加藤節訳 (2010)『完訳統治二論』岩波書店).

マルクス著／武田隆夫他訳（1956）『経済学批判』岩波文庫.

マルクス著・エンゲルス編／大内兵衛・向坂逸郎訳（1951）『共産党宣言』岩波文庫.

――――／向坂逸郎訳（1969）『資本論』全 9 巻，岩波文庫.

――――／廣松渉編訳（2002）『ドイツ・イデオロギー』岩波文庫.

Mead, N.L., Baumeister, R. F., Gino, Francesca., Schweitzer, M.E. and Ariely, D. [2009] "Too Tired to Tell the Truth: Self-Control Resource Depletion and Dishonesty," in *Journal of Experimental Social Psychology*, Vol.45, Issue3, pp.594-597.

Mill, J. S. [1861a] (2008) "Considerations on Representative Government," in *On Liberty and Other Essays* (*Oxford World's Classics*), New York: Oxford Uni-

Frankfurt, H. G.［1969］“Alternate Possibilities and Moral Responsibility,” in *The Journal of Philosophy*, 66, pp.829-839（フランクファート，ハリー・G. 著／三ツ野陽介訳（2010）「選択可能性と道徳的責任」『自由と行為の哲学』所収，春秋社，81-98頁）.

――――［1971］“Freedom of the Will and the Concept of a Person,” in *The Journal of Philosophy*, 68, pp.5-20（フランクファート，ハリー・G. 著／近藤智彦訳（2010）「意志の自由と人格という概念」『自由と行為の哲学』所収，春秋社，99-127頁）.

Franzen, A.［2000］“Does the Internet Makes Us Lonely?,” in *European Sociological Review*, Vol.16, No.4, pp.427-438.

フロイト著／井村恒郎（1970）「自我とエス」『フロイト著作集第6巻』人文書院.

Frey, B. S., Benesch, C. and Stutzer, A.［2007］“Does Watching TV Make Us Happy?” in *Journal of Economic Psychology*, Vol. 28, pp.283-313.

Giancola, P. R［2000］“Executive functioning: A conceptual framework for alcohol-related aggression,” in *Experimental & Clinical Psychopharmacology*, 8, pp.576-597.

Gilovich, T.［1991］*How We Know What Isn't So: The Fallibility of Human Reason in Everyday Life*, New York: The Free Press（T. ギロビッチ著／守一雄・守秀子訳（1993）『人間 この信じやすきもの――迷信・誤信はどうして生まれるか』新曜社）.

ニーズィー，ウリ＆ジョン・A. リスト著／望月衛訳（2014）『その問題、経済学で解決できます』東洋経済新聞社.

Guth et al.［1982］“An Experimental Analysis of Ultimatum Bargaining,” in *Journal of Economic Behavior and Organization*, Vol.3, pp.367-388.

ハクスリー，オルダス著／黒原敏行（2013）『すばらしい新世界』光文社.

ヘーゲル著／金子武蔵訳（1971，1979）『精神の現象学』（上・下）『ヘーゲル全集』4巻および5巻所収，岩波書店.

Henrich, J.［2001］“In Search of Homo Economicus: Behavioral Experiments in 15 Small-Scale Societies,” in *American Economic Review*, Vol. 91, No. 2, pp.73-78.

Hobbes, T.［1651］（2006）*Leviathan*, New York; Dover Publications（ホッブズ，トマス著，水田洋訳（2008-2009）『リヴァイアサン』（一）～（四）巻，岩波文庫）.

参考文献

＊ ［ ］は参照したテキストの最初の刊行年。（ ）は参照・引用した版・翻訳が［ ］と異なる場合の出版年である。並びは，和書・洋書を問わず，著者の姓をアルファベット順，その著作および日本語訳を列記している。

アドラー，A. 著／高尾利数訳（1987）『人間知の心理学』春秋社.

Anderson, L.R. & Holt, C.A.［1997］“Information Cascades in the Laboratory,” in *The American Economic Review*, 87（5）: pp.847-862.

Ariely, D.［2010］*The Upside of Irrationality: The Unexpected Benefits of Defying Logic at Work and at Home*, New York: Harper Perennial（ダン・アリエリー著／櫻井祐子訳（2010）『不合理だからすべてがうまくいく』早川書房）.

————［2012］*The*（*Honest*）*Truth About Dishonesty: Hoe We Lie to Everyone －Especially Ourselves*, Harper Perennial（ダン・アリエリー著／櫻井祐子訳（2012）『ずる――嘘とごまかしの行動経済学』早川書房）.

アリストテレス著／高田三郎訳（1971）『ニコマコス倫理学』（上・下）岩波文庫.

Axelrod, R.［1984］（2006）*The Evolution of Cooperation*, New York: Basic Books（R. アクセルロッド著／松田裕之訳（1987）『つきあい方の科学――バクテリアから国際関係まで』HBJ 出版）.

————［1997］*The Complexity of Cooperation*, Princeton, New Jersey: Princeton University Press（R. アクセルロッド著／寺野隆雄訳（2003）『対立と協調の科学――エージェント・ベース・モデルによる複雑系の解明』ダイヤモンド社）.

Baumeister, R. F. and Tierney, J.［2011］*Willpower: Rediscovering the Greatest Human Strength*, New York, The Penguin Press.

Binmore, K.［2007］*Game Theory : A Very Short Introduction*, Oxford University Press（ビンモア，ケン著／海野道郎・金澤悠介訳（2010）『一冊で分かるゲーム理論』岩波書店）.

デカルト著／谷川多佳子訳（1997）『方法序説』岩波文庫.

Epstein, K.［2006］“Crisis Mentality: Why sudden emergencies attract more funds than do chronic conditions, and how nonprofits can change that,” in *Stanford Social Innovation Review*, pp.48-57.

タ　行

＊

索　　引

ア　行

＊

カ　行

＊

サ　行

＊

■著者略歴

中村隆文（なかむら・たかふみ）
長崎県生まれ。千葉大学文学部卒業。千葉大学大学院社会文化科学研究科博士課程修了。釧路公立大学経済学部准教授。哲学専攻。文学博士。
著作：『不合理性の哲学――利己的なわれわれはなぜ協調できるのか』（みすず書房，2015年），『カラスと亀と死刑囚』（ナカニシヤ出版，2016年），『「法」における「主体」の問題』〈叢書アレテイア15〉〔共著〕（御茶の水書房，2013年），『近代法とその限界』〈叢書アレテイア11〉〔共著〕（御茶の水書房，2010年），他。

自信過剰な私たち
――自分を知るための哲学――

2017年 9 月30日　初版第 1 刷発行

著　者　中 村 隆 文
発行者　中 西 健 夫

発行所　株式会社　ナカニシヤ出版
〒606-8161　京都市左京区一乗寺木ノ本町15
ＴＥＬ（075）723-0111
ＦＡＸ（075）723-0095
http://www.nakanishiya.co.jp/

装幀・白沢 正　印刷／製本・亜細亜印刷
＊乱丁本・落丁本はお取り替え致します。
ISBN978-4-7795-1188-2　Printed in japan

カラスと亀と死刑囚
――パラドックスからはじめる哲学――
中村隆文

ヘンペルのカラス、アキレスと亀、絞首刑のパラドックス、モンティホール問題……、面白くて不思議なパラドックスの分析を通し、常識に縛られない「哲学的思考」が自然に身につく哲学入門！　二四〇〇円＋税

哲学しててもいいですか？
――文系学部不要論へのささやかな反論――
三谷尚澄

〝哲学〟は〝力〟なり!?　いまアメリカの大学生が哲学講義に詰めかけるのはなぜか？　国家の人文学軽視が招く危機の本質とは？　人文学受難の時代に、あえて「哲学する」意味を問う！　二二〇〇円＋税

キリギリスの哲学
――ゲームプレイと理想の人生――
バーナード・スーツ／川谷茂樹・山田貴裕　訳

人生にゲーム以上の意味は無い!?　寓話「アリとキリギリス」の〝主人公〟たるキリギリスが、その弟子達と縦横無尽に繰り広げる、とびきりユニークで超本格の哲学問答！　名著、待望の初訳。　二六〇〇円＋税

哲学者に会いにゆこう2
田中さをり　著者代表

森岡正博、山内志朗、髙山守、河野哲也ほか、現代日本を生き、大学の内外で実践する〝哲学者〟にマイクを向ける好評のインタビュー集。「身体性」と「哲学教育」をキーワードに語る第2弾！　二三〇〇円＋税

＊表示は二〇一七年九月現在の価格です。